Лев Лестер

МАСТЕР ПЕРЕГОВОРОВ

ПЕРЕГОВОРЫ АРМАНДА ХАММЕРА В РОССИИ

2021

Лев Лестер
Мастер Переговоров. Переговоры Арманда Хаммера в России
Accent Graphics Communications, Ottawa, 2021
ISBN: 978-1-77192-613-3
242 с.
© 2021 Лев Лестер

Содержание

Предисловие.. 8

Глава 1 Российский путь.. 12

Семья Хаммеров 12
Арманд Хаммер..15
Джулиус Хаммер и Людвиг Мартенс...................18
Поездка Арманда Хаммера в Россию...................... 23

**Глава 2 Первые проекты Хаммера в
России (1921–1925)**.. 32

Встреча с Лениным.. 32
Почему Ленин встретился с Хаммером? 34
Как Ленин оценивал деятельность Хаммера?......... 43
Как прошли переговоры Хаммера с Лениным? 44
Концессия асбеста на Урале 46
Зерно в обмен на товары из России....................53
Торговый представитель в США......................... 56
Встречи с Генри Фордом..................................... 59

Глава 3 Сотрудничество со спецслужбами 66

Хаммер и Феликс Дзержинский 66
Под прикрытием спецслужб в Москве.......... 69
Деньги для нелегальных операций............ 72
Сбор денег в США 73
Передача денег из России 74

**Глава 4 Секретные военные
проекты с Германией** 78

Авиационный завод «Юнкерс» в Москве 80
Истребитель «Хейнкель» в Саратове 85
Двигатель «BMW-6» в Рыбинске............ 87
Авиашкола в Липецке.................... 87
Танковая школа «КАМА» в Казани 89
Химический полигон «Томка» в Шиханах........ 90

**Глава 5 Концессия производства
карандашей (1926-1930)**............ 93

Производство карандашей 93
Поездка в Германию 95
Карандашная фабрика в Москве 98
Слишком хорошая работа это плохо 99
Нужно уходить пока еще не поздно 101

**Глава 6 Торговля «конфискатом» в
США (1930–1932)** 104

«Сокровища Романовых»................ 104
Под микроскопом ФБР 110

Глава 7 Конкуренты Хаммера 116

Шведские паровозы 116

Ситуация в России в 1920 г. 116

Наркомат путей сообщения 118

Постановление Совнаркома о
закупке паровозов 119

Потребность России в паровозах в 1920 г....119

Опыт закупки паровозов за границей ... 120

«Железнодорожная миссия правительства
России в США» (1915-1917) 121

«Железнодорожная миссия временного правительства России в США» (июнь-ноябрь 1917)... 122

Выбор поставщика паровозов в 1920 г. ... 123

«Российская железнодорожная миссия
за границей» 128

Ю. В. Ломоносов 128

Контракт на покупку паровозов 129

Изготовление и приемка паровозов 130

Изготовление паровозов серии «Э».........131

Взаимозаменяемость деталей
паровоза серии «Э».................................132

Транспортировка и приемка паровозов ...133

Результат 135

Американский линкор для Сталина 140

Состояние вопроса 140

500 тысяч долларов для решения вопросов.........143

Президент Рузвельт дал разрешение ... 146

Карп оказался слишком болтливым 149

Последствия в СССР 149

Не всякий Карп способен быть Хаммером.
Сходства и различия Карпа и Хаммера.................. 150
Фальшивые доллары 153
Галуст Гюльбенкян - мистер «пять процентов».....159

Глава 8 Нефтяной бизнес.................................165

«Оксидентал Петролеум».................................165
Переговоры Хаммера в Ливии............................ 168
Картель «Семь Сестер».................................. 168
Ливия 169
Месторождения нефти в Ливии...........................170
Нефтянные концессии в Ливии в 1965 году...........169
Посредники 172
Настоящие посредники...................................173
Встреча с влиятельным человеком 174
План действий 174
Аномальное предложение 175
Конкретные действия 175
Победа в тендере 177
Отношения с посредниками 180
Муаммар Каддафи 181
Изменения условий добычи нефти 182

Глава 9 Переговоры в Кремле 189

Никита Хрущев 189
Леонид Брежнев 197
Проект удобрений для СССР 208
Михаил Горбачёв...211

Глава 10 Как Хаммер вел переговоры в Советской России 217

Почему Хаммер добился успеха в России? 217
У Хаммера был бойцовский характер 221
Стиль ведения переговоров Хаммера..................... 225
Правила ведения бизнеса в России 232
Четыре главные страсти Хаммера......................... 235

Примечания.................................... 241

Предисловие

Эта книга о человеке, которому не было равных в умении заключать сделки в двадцатом столетии. Он заключал многомиллионные и миллиардные сделки в разных странах мира в США, СССР, Англии, Китае, Польше, Румынии, Ливии и Венесуэле. Он заключил десятки сделок, многими из которых могли бы гордиться лучшие бизнесмены мира.

Самые большие сделки ему удалось заключить в Советском Союзе. В этой стране он сделал больше, чем несколько самых успешных иностранных бизнесменов вместе взятых. Он имел личные отношения с Лениным, Троцким, Микояном, Хрущевым, Брежневым, Черненко, Андроповым и Горбачевым. Такого послужного списка нет ни у кого другого.

Хаммер родился в 1898 году в Нью-Йорке в семье эмигрантов из Одессы. Его отец, доктор Джулиус Хаммер, был не только врачом и бизнесменом-фармацевтом, но и одним из основателей американской коммунистической партии.

В 1921 году только что недоучившийся врач Арманд Хаммер поехал в Россию. Он надеялся получить 150 тысяч долларов, которые советская власть задолжала фармацевтическому бизнесу его семьи. Им заинтересовался Ленин и у них была интересная встреча.

Хаммер прожил в России восемь лет. У него было две концессии: добыча асбеста на Урале и карандашная фабрика в Москве. Хаммер был торговым представителем России в США. В 1930 году он вернулся в Америку. В США он занимался различными бизнесами, самыми успешными из которых были нефть и предметы искусства. Хаммер стоял в одном ряду с великими создателями нефтяного бизнеса и меценатами, такими как Рокфеллер, Гюльбенкян и Гетти.

Его политические связи были уникальны. Его способность проникать во все места была поразительной. Его личное состояние было огромным. В стремлении к цели он был твёрд и беспощаден. Продвигая свои интересы, он проявлял великий талант говорить людям то, что они хотели услышать. Он был великим актёром.

Во времена Хрущева Хаммер возобновил отношения с Советским Союзом. Он был посредником между пятью советскими генеральными секретарями и семью президентами Соединенных Штатов. Он имел уникальный доступ в Кремль и в Белый дом.

Почему я решил написать книгу о Хаммере? Я сделал это потому, что он очень близок мне по образу мышления, по тем поступкам, которые он совершал, по тому пути, который он прошел. Разумеется, что его результаты недостижимы и то, что он сделал неповторимо. Но тем не менее, я вижу в нем очень много близкого и похожего. Наши отцы родились в Одессе.

Судьба вела нас очень похожими маршрутами. Российские корни, иммиграция в Америку, бизнес в России и в Америке.

Хаммер приехал в Москву с коротким визитом в 1921 году во время начала НЭПа, когда российская экономика впервые начала открываться для иностранных компаний, и оставался в Москве восемь лет. После тридцатилетнего перерыва он вновь приехал в Москву и начал подготовку огромных проектов по строительству заводов минеральных удобрений.

Я приехал в Москву в 1993 году, когда экономика открылась для иностранного капитала во второй раз и жил там и сотни раз возвращался туда в течении десяти лет. Я видел то, что Хаммер построил в России и работал с несколькими из тех, с кем он часто встречался и решал свои деловые вопросы.

Чем эта книга отличается от пяти уже написанным о нем книг? Ее отличие в том, что я пытался показать почему он смог сделать то, что не смогли сделать другие. Великий талант Хаммера заключался в его мастерстве проведения переговоров и заключении сделок.

От чего зависят результаты переговоров? Почему одни получают результаты лучше, чем другие? Причин может быть много. Одни лучше знают то, о чем они договариваются. Другие лучше умеют вести переговоры. Третьи умеют находить более эффективные решения. Успех складывается из многих частей.

Хаммер никогда не отличался глубоким знанием предмета своих переговоров. Это было его очевидное слабое место. В течении многих лет он занимался очень разными бизнесами: фармацевтикой, производством алкоголя, животноводством, коллекционированием предметов искусства, добычей нефти и угля, строительством гостиниц и производством минеральных удобрений. Он не был экспертом ни в одном из этих бизнесов и во всех своих проектах добился отличных результатов. Он нанимал самых лучших специалистов и доверял их знаниям.

Отсутствие профессиональных знаний в предмете переговоров он компенсировал двумя очевидными преимуществами. Самым большим его преимуществом было высокое мастерство ведения переговоров. В этом вопросе Хаммер превосходил всех своих оппонентов.

Другой его сильной стороной была готовность брать на себя ответственность и принимать рискованные решения. Во всех своих проектах он был независимым руководителем, которому не нужно было спрашивать разрешение у начальства. Он сам принимал решения и отвечал за свои ошибки. У него всегда были максимально возможные полномочия. Ему не было равных в умении договариваться и заключать сделки.

Глава 1
Российский путь

Американский бизнесмен Арманд Хаммер был настоящим мастером переговоров. Он вел успешный бизнес во многих странах мира, но самых больших успехов он добился в Советском Союзе. Он успешно делал бизнес в этой стране в течении семидесяти лет. Хаммер имел дружеские отношения с Лениным, Микояном, Хрущёвым, Брежневым, Черненко и Горбачевым. В его жизни было много удивительных историй, связанных с Советским Союзом.

Семья Хаммеров

Предки Хаммера были родом из России. Его дед Яков был сыном состоятельного кораблестроителя в городе Херсоне, большая часть унаследованного им состояния в буквальном смысле слова растаяла, когда он был еще ребенком. Родственники, распоряжавшиеся его наследством, вложили все деньги в соль, что в то время считалось таким же безопасным капиталовложением, как государственные облигации сегодня. Соль Якова была сложена в склады на берегу Каспийского моря. Однажды в этом районе разразилась страшная буря, вызвавшая наводнение. Волны унесли почти все состояние деда.

Яков был неудачным бизнесменом. У него ничего не удавалось. Все его проекты заканчивались неудачно. Семейная жизнь Якова была очень бурной из-за политических разногласий с женой. Бабушка разделяла идеалы революционеров и выступала против царизма. Дедушка был глубоко консервативен и выступал в защиту существующего порядка.

Его отец Джулиус родился в Одессе в 1874 году. Через год, в 1875 году, дед с бабушкой и тремя детьми отправились в Америку. Бабушке угрожал арест за её политические взгляды. Они уехали в Америку в поисках удачи. Там они получили американское гражданство, но удача обходила их стороной. Через три года семья вернулась обратно в Европу и прожила там двенадцать лет. Из-за частых переездов дети свободно говорили на нескольких языках. В 1889 году семья вернулась в Америку. Они жили очень бедно.

Джулиусу было пятнадцать лет, когда он стал главным кормильцем семьи и начал работать на сталелитейном заводе. Он работал в литейном цеху и со временем стал очень сильным человеком – руками гнул подковы. Молодой человек интересовался политикой и вступил в социалистическую рабочую партию. Он хотел заработать на образование и искал более высокооплачиваемую работу. Из-за этого, семья переехала в Нью-Йорк. Они жили в районе, где было много русских и итальянцев.

Джулиус увидел объявление, в котором говорилось, что аптеке требуется продавец, говорящий по-итальянски. Когда он пришел наниматься, первый вопрос аптекаря был: «Ты говоришь по-итальянски?». Это было очень важно для аптекаря, потому что большинство клиентов этой аптеки не знали английского и говорили только по-итальянски. Сам аптекарь жил в этом районе двадцать лет и смог запомнить всего несколько итальянских слов. «Нет, я не говорю по-итальянски. Но я через две недели я смогу объясняться по-итальянски. Если я не смогу этого сделать, то вы можете не платить мне за работу». Аптекарь согласился попробовать. К большому его удивлению, через две недели Джулиус смог объясняться на итальянском языке.

Отец Хаммера был очень трудолюбивым. Он быстро изучил аптекарское дело, получил диплом фармацевта и через несколько лет купил эту аптеку. Одного из его продавцов звали Джозеф Шенк. Вместе со своим братом Ником, они предложили Джулиусу вместе открыть новый бизнес - сеть кинотеатров для демонстрации кинофильмов. В то время, фильмы были новинкой. Джулиус отказался. Он считал, что оптовая продажа лекарств более надежна, чем кинотеатры. Ник и Джо Шенк сами открыли несколько кинотеатров. Затем они стали владельцами крупнейших американских киностудий и стали мультимиллионерами: Ник Шенк возглавил «MGM», а Джо Шенк возглавил «20th Century Fox». Так быстро делался большой бизнес в те годы.

Джулиус верил в большие перспективы аптечного бизнеса. Он понял, что крупные фирмы получают большую прибыль от изготовления и оптовых продаж лекарств. Поэтому он организовал небольшую фармацевтическую фабрику и стал продавать ее продукцию в своей аптеке. За несколько лет он купил еще две аптеки и объединил их с фармацевтической фабрикой под названием «Аптеки Хаммеров».

Арманд Хаммер

В семье Джулиуса было три сына: старшего звали Гарри, младшего - Виктором, а среднему отец дал пролетарское имя Арманд (от Arm and Hammer - рука и молот).

В 1898 году в семье Джулиуса произошло два важных события: родился Арманд Хаммер и Джулиус поступил учиться в медицинскую школу Колумбийского университета. Через четыре года, в 1902 году он получил диплом врача. Для того чтобы начать медицинскую практику ему пришлось продать свой аптечный бизнес.

В 1907 году Джулиус Хаммер едет в Штутгарт, Германию на Международный съезд социалистических партий и там знакомится с Лениным. Капиталист Хаммер и большевик Ленин понравились друг другу. Таким образом установились контакты, которые дали результаты через много лет.

Когда большевики взяли власть в России, Джулиус был среди тех американских социалистов, которые с восторгом откликнулись на это событие. Но Джулиус был не только социалистом, но и бизнесменом. Он начал посылать в разрушенную Россию продукцию своей фармацевтической компании. Это была поставка в кредит. Тогда еще Хаммер не знал, что Россия не платит по своим обязательствам и с ней нельзя работать в долг.

Арманд Хаммер решил идти по стопам отца и стать врачом. В 1917 году он поступил учиться в двухгодичную медицинскую школу Колумбийского университета.

Через много лет Джулиус, одновременно с врачебной практикой, вновь начал заниматься аптечным бизнесом. Вместе с партнером он купил небольшую фирму, изготовляющую лекарства. В 1917 году он выкупил партнера за двадцать тысяч долларов и сделал своего сына президентом этой фирмы. Девятнадцатилетний Арманд стал днем заниматься бизнесом, а вечером учиться. Он не мог днем посещать лекции в университете и учился по конспектам другого студента. Они заключили соглашение, за то, что этот студент писал подробные лекции он бесплатно жил в квартире Хаммера.

Под руководством Арманда фирма быстро расширялась и стала приносить прибыль. Число работников возросло с десятков до сотен. В 1918 году у фирмы резко возросли заказы на имбирную спиртовую настойку. Для изготовления такого огромного количества продукции нужно было организовывать специальное производство. Арманд не понимал почему произошел такой резкий рост заказов.

Чтобы выяснить в чем дело, Арманд отправился к одному из своих аптекарей заказчиков имбирной настойки, чью заказы очень сильно возросли. Аптекарь объяснил все очень убедительно. Он взял бутылку имбирной спиртовой настойки и налил ее в стакан. Затем он предложил Арманду выпить из этого стакана. Арманд выпил и сразу все понял. Это был очень сильный алкогольный напиток с содержанием спирта в 85%, более чем в два раза крепче чем 40% водка.

В 1918 году после вступления в силу закона США о запрещении спиртных напитков люди мгновенно раскупали все напитки, содержащие алкоголь, которые можно было пить, не нарушая закона. В это время имбирная спиртовая настойка была не хуже, чем золотая жила. Было очевидно, что при таком огромном спросе, найдется много желающих организовать производство имбирной настойки.

Арманд взял кредит в банке и нанял агентов в Индии, Нигерии и Фиджи, которые поставляли имбирь в США. Он оптом купил урожай имбиря 1919 года. Фирма Хаммера стала единственным производителем имбирной спиртовой настойки в Соединенных Штатах. Все крупнейшие фармацевтические фирмы, вынуждены были обращаться к нему за сырьем.

Результаты превзошли самые смелые ожидания. Фирма с трудом справлялись с поступающими заказами. Пришлось установить несколько дополнительных линий разлива по бутылкам. Число работников фирмы возросло до полутора тысяч. (1, 28).

Хаммер умело воспользовался ситуацией и быстро захватил весь рынок имбирной настойки. Он сделал это, не привлекая ненужного шума. В 1919 году объем продажи его фирмы составил один миллион долларов. Широкое употребление настойки приводило к побочным эффектам. Были случаи паралича ног и рук. На следующий год имбирную спиртовую настойку запретили. Хаммер прекратил её изготовление и продажу.

20-и летний Арманд Хаммер показал себя очень эффективным бизнесменом. Он значительно увеличил объемы аптечного бизнеса и получил хорошие финансовые результаты. Он сумел совместить управление компанией с учёбой в медицинской школе Университета. Днем он работал, а вечером учился по конспектам своего товарища.

Джулиус Хаммер и Людвиг Мартенс

В первые годы Советской власти, между США и Россией не было ни дипломатических, ни торговых отношений. Официальные представители России не имели права работать в Америке. Но у России были торговые и политические интересы в Америке. Поэтому представители Советской России действовали в Америке нелегально.

Это были случайные люди без необходимой профессиональной подготовки. Все они выглядели несерьезно. В течении одного 1918 года, официальными представителями Советской России в США были три случайных человека. Сначала американский журналист Альберт Вильямс, потом шведский журналист Александр Нуортева и затем немецкий инженер Людвиг Мартенс. Госдепартамент США не признал ни одного из них.

Мартенс родился в 1874 году в семье успешного немецкого промышленника, работавшего в России. Был знаком с Лениным. В 1896 г. арестован за революционную деятельность и после трёхлетнего тюремного заключения выслан в Германию. Там он получил техническое образование. С 1906 г. жил в Англии, в 1916 г. переехал в США. В 1917 году вернулся в Россию. Свободно говорил на русском, немецком и английском языках.

В 1918 году Мартенс был назначен официальными представителями Советской России в США. В марте 1919 года он открыл в Нью-Йорке «Государственное бюро Советской России», задачей которого было установление дипломатических и торговых отношений между Советской Россией и США.

Он финансировал деятельность коммунистической партии США, которая была зарегистрирована в сентябре 1919 года. Одним из трех основателей коммунистической партии США был Джулиус Хаммер, который получил Партийный билет №1. По концепции Ленина, эта партия должна была быть партией профессиональных революционеров. С железной дисциплиной, способной работать на нелегальном положении. Задачей коммунистической партии США было свержение правительства США и изменение государственного строя Америки.

Хаммер оказывал большую финансовую помощь коммунистической партии США. Он арендовал помещение центрального офиса компартии в Нью-Йорке, оплачивал текущие расходы и вносил денежные залоги за задержанных полицией активистов.

«Государственное бюро Советской России» не имело права покупать оборудование, нужное советскому режиму. Но в США у Мартенса был друг – коммунист Хаммер, который действовал в его интересах. Советские курьеры контрабандой привозили брильянты и драгоценности в Нью-Йорк. Хаммер продавал их знакомым ювелирам и на вырученные деньги финансировал закупки оборудования. В бюро работало 39 сотрудников, большинство из них были наняты Хаммером. В числе технических консультантов Мартенса были Ю.Н. Ломоносов и А.А. Адамс. (2, 40)

В те годы, продажа американского оборудования в Россию ограничивалась тремя барьерами. Первый барьер, покупателем не могла быть советская компания. Для того, чтобы обойти этот барьер, Мартенс использовал компанию Хаммера. Официальным покупателем оборудования была американская фармацевтическая компания «Allied Drag».

Второй барьер, продавцы должны были оформлять экспортную лицензию для продажи товаров в Россию. Практически получить эту лицензию было очень сложно. Чтобы обойти эту преграду, Хаммер обманывал продавцов оборудования. Он говорил им, что оборудование предназначено для покупателей в Латвии. На самом деле, оборудование транспортировалось подставным фирмам в Латвию, а затем тайно перевозилось в Россию.

Третий барьер, оплата товаров не могла осуществляться деньгами, принадлежащими советским организациям. Для того, чтобы обойти этот барьер, все финансовые расчеты осуществлялись американской компанией «Allied Drag». Сначала Хаммер финансировал покупки оборудования, а затем деньги возвращались его компании.

С точки зрения американских законов того времени вся эта деятельность была незаконной и поставки оборудования в Россию нелегальными. Несмотря на официальные запреты правительства США было немало американских компаний готовых продавать свою продукцию в Россию. Одним из самых больших проектов тех лет могло стать продолжение продажи паровозов.

Царское правительство и временное правительство России в течение 1915-1917 годов покупали паровозы в США у американских фирм «АЛКО» и «Балдвин». Для этого была создана специальная организация «Железнодорожная миссия правительства России в США», в которой работали российские специалисты. Царское правительство платило золотом, Временное правительство получило кредит правительства США на закупку паровозов на сумму 145 млн долларов и действовало через «Железнодорожная миссия Временного правительства России в США». Руководителем закупки паровозов в Америке был заместитель министра путей сообщения Ю.Н. Ломоносов. В январе 1919 года правительство США запретило продажи паровозов. Закупки были прекращены, и сотрудники железнодорожной миссии вернулись в Россию. Единственный кто не вернулся домой был Ломоносов. Он остался в Нью-Йорке и стал техническим советником Мартенса.

Неудивительно, что фирмы «АЛКО» и «Балдвин» через Ломоносова предложили советскому правительству возобновить контракт на покупку паровозов и поставить в Росси 200 паровозов «Декапод» на сумму 22 млн долларов с отсрочкой оплаты на три года. К этому проекту Хаммера не привлекали.

Эта идея не была реализована из-за запрета правительства США. В сентябре 1919 года Ломоносов вернулся в Москву. Когда были устранены политические препятствия, Россия уже потеряла интерес к заказу американских паровозов.

Руководителем технического отдела в бюро Мартинса был Адамс, который через несколько лет стал кадровым разведчиком ГРУ и с 1935 года был на нелегальной работе в США. Он сумел завербовать американского ученого из ядерного центра США и получить от него исключительно ценные данные об американском атомном проекте. Полковник ГРУ Адамс стал героем России.

Правительство США очень быстро перекрыло этот канал. Мартенс и несколько его сотрудников были арестованы. В феврале 1921 года их обвинили в промышленном шпионаже и выслали из Америки.

Почему Джулиус Хаммер помогал Мартенсу? Что это было для него: бизнес или идеология? Коммунист

Хаммер считал своим долгом помогать Советской власти. Это было вполне понятным желанием. Вопрос был в том; «Сколько денег он был готов потратить на эту помощь?»

Чего в коммунисте Хаммере было больше: бизнесмена или политика? Этого никто не знал. Хаммер этого тоже не понимал.

Для России, Хаммер был нужен как американский бизнесмен, у которого есть деньги и который умеет покупать в Америке то, что не может купить она сама. Россия пыталась решать свои вопросы за его счет. Мартенс брал у Хаммера в долг без уверенности в том, что сможет потом отдать деньги.

Для Хаммера, Советская Россия была бизнесом. Он поставлял туда медикаменты и оборудование. Для него это была рискованная игра. Он поставлял товары в долг без каких-либо гарантий возврата.

Где для него заканчивался разумный риск и начиналась авантюра? Россия могла взять у него сколько угодно денег, чем больше, тем лучше. Хаммер должен был все время поддерживать безопасный баланс. У него это не получилось. Из-за советских долгов Хаммер разорился.

Нелегальный бизнес с Россией требовал скрытого учета и умения держать язык за зубами. Документы компании «Allied Drag» не соответствовали тому, что происходило на самом деле. По документам числилось одно, в контейнерах было другое. Транспортные документы показывали поставки в Латвию. На самом деле, оборудование направлялось в Россию. Для того, чтобы исключить утечки информации в бизнесе работали члены семьи, отец и три сына.

Поездка Арманда Хаммера в Россию

Мартенс остался должен Джулиусу Хаммеру $150 тысяч долларов за поставленные в Россию, медикаменты и оборудование. В те годы это были большие деньги, примерно три миллиона долларов в наше время. Хаммер оказался на грани банкротства и вынужден был продать свой дом. Перед арестом, Джулиус Хаммер готовился к поездке в России. Он хотел получить деньги за поставленное оборудование.

Но поехать в Россию ему не удалось. В 1919 году он сделал криминальный аборт, который закончился смертью пациентки. Джулиус Хаммер был осужден на три с половиной года и освобожден в 1923 году. В соответствии с американскими иммиграционными, после тюремного заключения Джулиус должен быть покинуть США с правом вновь подать на получение американского гражданства через несколько лет.

У полиции были подозрения, что криминальный аборт делал не врач Хаммер, а его сын студент второго курса медицинской школы Арманд Хаммер. Но доказательств не было. Ситуация с абортом прояснилась только через тридцать лет, когда Арманд тяжело болел и думал, что умирает. В этот момент он признался, что аборт делал он. Отец так много времени тратил на свою коммерческую деятельность, что у него не оставалось время для медицинской практики. Отец Хаммера взял вину на себя и спас сына от тюрьмы. Иначе бы они сели оба. (1, 35)

Из-за того, что Джулиус сидел в тюрьме, вместо него в Россию поехал Арманд Хаммер. Отец попросил сына купить лекарства и хирургические инструменты и отвезти их в подарок в Москву. Арманд купил полевой госпиталь с операционными столами, хирургическим инструментом, медицинской одеждой, палатками, кроватями и другими необходимыми вещами. Кроме того, он купил новую машину «скорой помощи» с медицинским оборудованием и лекарствами. С доставкой в Россию это стоило ему 115 тысяч долларов (примерно полтора миллиона в современных деньгах). (3, 41)

Арманд загрузил контейнеры медицинскими товарами и отправился в Лондон, а затем в Берлин. Целью его поездки было посещение пяти европейских стран. России в их числе не было, это был секрет. У него не было советской визы. Арманд приехал в Берлин и обратился в Советское консульство за визой. Ему объяснили, что оформление разрешения на въезд в Россию является очень сложным процессом и занимает несколько месяцев. Поэтому нужно заполнить необходимые документы и терпеливо ждать.

Одновременно с Хаммером начал оформление советской визы в Берлине Frederick MacKenzie. Он был корреспондентом газеты «Chicago News» и собирался написать серию статей о Советской России. В его приезде было заинтересовано советское правительство и тем не менее оформление его визы длилось три месяца.

Хаммер послал телеграмму в Москву в Наркомат иностранных дел с просьбой выдать ему визу. В своем письме он упомянул несколько важных имён, включая своего отца. Через десять дней пришёл ответ от заместителя наркома по иностранным делам России Максима Литвинова. Виза была получена. Так 23-летний Арманд Хаммер приехал в Советскую Россию.

Арманд Хаммер

То, что Хаммер увидел в Москве запомнилось ему на всю жизнь. «*В Москве была полная разруха. На мостовых и тротуарах большие выбоины. На домах разбитые крыши, из окон торчали трубы, выпускающие черный дым. Витрины магазинов разбиты или забиты досками.*

Основным транспортом были телеги с лошадьми. Люди одеты в лохмотья, почти ни у кого не было настоящей обуви. Дети бегали босиком. Никто не улыбался, все выглядели неумытыми, подавленными и измученными». (3, 50)

Для Арманда это была первая поездка за границу. Его политическим багажом были связи отца, который был знаком с Лениным и Троцким, финансировал Мартенса в США и был одним из основателем американской компартии.

Арманд был молод и неопытен. Он не говорил по-русски. Он не понимал, что происходит в России. Обычный человек на его месте приехал бы в Россию, посмотрел по сторонам и в ужасе уехал обратно в Америку.

«Хаммер поселился в знаменитой гостинице «Савой». В номере была кровать с матрацем, в котором жили сотни клопов. На кровати не было ни простыней, ни одеяла. В комнате стоял стол, покрытый грязной скатертью и два стула с буфетом. В номере была ванная комната, в которой не было воды и в ней жили крысы. Горячую воду нужно было брать в кухне в конце коридора. В гостинице не было столовой. Постояльцы сами готовили себе еду на керосиновых плитках. Каждому разрешался один чайник горячей воды в день». (3, 52)

После нескольких дней пребывания в России, Хаммер понял, что он никому не нужен и никому не интересен. В Москве у него ничего не получалось. Он приехал для того, чтобы договориться о возврате долгов за поставленное оборудование и не знал с кем ему нужно говорить по этому поводу. Эти деньги был должен официальный представитель Советской России в США. Он взял деньги не на развлечения. Он взял деньги для поставки оборудования в Россию. Это был долг Советского государства.

Мог ли Мартенс вернуть эти деньги в Москве? Нет не мог. У него не был таких денег. А государство не обращало внимания на этот долг. У Советской России было очень много других, более важных вопросов. Говорить о оплате долгов было не с кем. В России не было ни денег, ни традиций возвращать свои долги.

До этой поездки Хаммер не понимал, что в России долги не возвращают. В долг берут, а обратно не отдают. Сначала должники говорят, что они не успевают отдать деньги в срок и отдадут немного позже. А потом они ничего не отдают из-за того, что должны отдавать другие более важные для них долги.

Уроки бизнеса в России. *Это был первый, очень важный для Хаммера урок бизнеса в России: «В России нельзя выполнять работу без предварительной оплаты. За то, что уже сделано, денег потом не платят».*

Это был очень болезненный урок, который получают многие иностранные бизнесмены в России. С этим сталкиваются почти все. В России четко действуют простые правила: сначала деньги, а потом работа. Сначала аванс, потом выполнение работ, после завершения работы окончательный расчет.

Если нет денег, то нет работы. Если денег недостаточно для оплаты всей работы, то тогда нужно выполнять только часть требуемой работы. На сколько есть денег, то и делать. Это баланс российского спроса и предложения. В России не верят обещаниям и требуют оплату вперед.

В России долгов намного больше, чем денег. Отдают долги только тем, кто еще нужен и тем, кого боятся. Хаммер не был ни тем, ни другим. Он был никому не нужен и его никто не боялся.

Для решения вопроса о возврате долгов нужно было просить очень влиятельных людей. Хаммер их не знал. Бесспорно, что в их числе был Ленин. Но идти к Ленину с таким вопросом было глупо. Этот вопрос нужно было решать иначе.

Хаммер привез в подарок много дефицитных медикаментов и передал их наркому здравоохранения Семашко. Встреча с Наркомом здравоохранения была приятной, но не дала желаемых результатов. Семашко не имел отношения к долгам Мартенса. Подарок медикаментов ничем не помог. Это был холостой выстрел. После нескольких дней пребывания в Москве Хаммер не продвинулся ни на шаг вперед.

Нарком рассказал Хаммеру, что из-за отсутствия медикаментов серьезные операции в России делают без наркоза. Использованные бинты стерилизуют и используют повторно, потом еще раз и еще раз. Нарком поблагодарил Хаммера за подарок медикаментов и направил его к сотруднику, который был в командировке и должен был вернуться через месяц.

Хаммер никого толком в Москве не знал, он не говорил по-русски и не понимал, что в этой стране происходит. В стране голод, эпидемия тифа. Он жил в гостинице с клопами и крысами. В Москве ничего нельзя было купить. Ни один вопрос нельзя было решить. Вокруг разруха, голод и хаос. Никто ни за что не отвечал и ничего не решал. Ему нужно было ждать еще целый месяц чиновника из медицинского ведомства, который должен был принять привезенные им медикаменты.

Ждать целый месяц и жить в Москве таких жутких условиях было невыносимо. Хаммер начал думать о возвращении в Америку. Любой другой на его месте плюнул бы на все это и вернулся домой. Но Хаммер добился больших успехов в своей жизни потому, что он был не таким как другие. Вопреки здравому смыслу, он остался ждать.

В то время, когда Хаммер был в Москве, Мартенс готовился к месячной поездке на Урал. После возвращения из США он возглавлял добывающую промышленность России и знал о планах создания иностранных концессий.

Мартенс предложил Хаммеру поехать вместе с ним, чтобы посмотреть асбестовые рудники. Он рассказал Хаммеру о возможности открыть концессию по добыче асбеста. Хаммер решил посмотреть на все своими глазами. Он с радостью принял это предложение и в течение трех ночей с багажом и продуктами ездил на вокзал. Каждый раз ему сообщали, что из-за технических неполадок отъезд откладывается на следующий день. Только с четвертой попытки отъезд действительно состоялся.

Вместе с Мартенсом в поездке было несколько инженеров. В окна поезда были видны хаос и разруха, трупы людей на улицах, бездействующие заводы, фабрики и рудники. Нищета соседствовала с огромными природными богатствами. В земле Урала находились огромные сокровища: платина, изумруды, золото, медь, асбест, руда, уголь. Вокруг были безграничные леса и сотни тысяч животных. Но население эти мест было не способно разумно использовать эти богатства и не могло обеспечить себя нормальную жизнь.

Хаммер спрашивал своих спутников: «Почему все эти ценности не добываются и не экспортируются? Почему на вырученные деньги не покупают зерно?» Ему отвечали, что на добычу и продажу этих товаров нужно много времени. А зерно и продукты питания нужны немедленно. Иначе умрут сотни тысяч людей.

В этот момент Хаммеру пришла в голову мысль, которая резко изменила весь последующий ход его жизни. Он предложил сделать все наоборот и сначала купить для России продукты питания, а уже потом продавать в Америке советские товары.

Хаммеру сказали, что для того, чтобы прокормить население Урала нужен один миллион бушелей пшеницы. В Соединенных Штатах в тот год был прекрасный урожай, и зерно продавалось по доллару за бушель. Когда цена падала ниже доллара, фермеры предпочитали сжигать его, чем везти на рынок.

Хаммер заявил, что у него есть миллион долларов. И он готов купить на миллион долларов зерно и направить его в Россию, при условии, что обратным рейсом каждый пароход будет привозить в Америку нужные ему товары. То, что сказал Хаммер было безумием. Потратить миллион долларов на зерно и отправить его в Россию! Это было невероятно. Такое заявление мог сделать либо баснословно богатый человек, готовый потерять свои деньги, либо сумасшедший.

Во время поездки по Уралу была остановка на асбестовых рудниках Алапаевска. Один из помощников Мартенса был горным инженером и хорошо знал эти места. Он объяснил Хаммеру, что асбестовый рудник является большим открытым котлованом диаметром триста метров. Добыча руды ведется самым примитивным способом. Рабочие взрывают породу динамитом, собирают осколки породы в корзины и вручную поднимают их на верхнюю площадку. Там рабочие вручную молотками отделяют асбест от породы.

Условия работы были очень тяжелыми. Рабочие жили в бараках, работали шесть дней в неделю, по двенадцать часов в сутки, получали за свой труд низкую зарплату. По воскресеньям все напивались — это было единственным развлечением.

Очищенный асбест пятнадцать километров везли телегами на железнодорожную станцию. При плохой погоде дороги становятся непроезжими. По железной дороге асбест везли в Европу, где был большой спрос на этот камень и высокие цены. До первой мировой войны царская Россия была основным экспортером асбеста в Европу. По объемам добычи асбеста она уступала только Канаде. При советской власти добыча асбеста резко сократилась.

То, что увидел Хаммер не очень сильно отличалось от того, как действовали в этих каменоломнях далекие предки. В котловане они вручную кувалдами отбивали куски камня, тащили на себе этот камень наверх и потом вручную отделяли асбест от мусора. По мнению горного инженера, при правильной эксплуатации добычи эти рудники могли бы принести большие доходы.

У Хаммера было незаконченное медицинское образование, и он ничего не понимал в горнодобывающем бизнесе. Он ничего не знал об асбесте. Он просто хотел найти возможности для развития бизнеса в России.

Глава 2
Первые проекты Хаммера в России (1921-1925)

Встреча с Лениным

Поездка на Урал была прервана из-за телеграммы Ленина. Вождь задал Мартенсу несколько вопросов о положении на Урале и возможностях наладить там работу. Затем Ленин спросил его про молодого американца, который предложил поставить зерно из Америки в голодающую Россию без авансовой оплаты. Мартенс подтвердил эту информацию и дал хорошую характеристику Хаммеру. После чего, Ленин дал указание ему немедленно вернуться в Москву вместе с Хаммером.

В этой поездке в Россию Хаммер доказал, что он был незаурядным человеком. Он сумел встретиться с Лениным. Их встреча продолжалась четыре часа. «Этого не может быть», скажете вы. Какие вопросы могли быть у Ленина к 23-летнему мальчишке, иностранцу, впервые выехавшему за пределы США. Тем не менее, это правда. Ленин и Хаммер четыре часа обсуждали вопросы важные для России.

В то время, в России был страшный голод. На улицах валялись трупы. Миллионы людей умирали из-за отсутствия зерна. А в США был прекрасный урожай зерна, и фермеры вынуждены были сжигать зерно, чтобы не допустить снижения цен.

Хаммер услышал разговоры о том, что для спасения от смерти голодающих в России нужно купить зерно в США. Но у России не было денег на покупку зерна. Сначала нужно было отправить в Америку товары, продать их, на вырученные деньги купить дешевое американское зерно и отправить зерно в Россию.

Хаммер был наивным молодым человеком. Он верил тому, что видел своими глазами и тому, что ему рассказывали. Он видел в России умирающих от голода людей и верил, что у правительства нет денег на закупку зерна. Это было так логично: люди умирают от голода потому, что у правительства нет денег купить зерно. Такому правительству нужно помогать и если есть такие возможности, то нужно поставлять зерно в кредит, с последующей оплатой за сделанные услуги.

Если бы Хаммер знал, что за десять месяцев 1921 года по указанию Ленина из России было вывезено в Швецию и размещено на секретных счетах иностранных банков 375 тонн золота, что составляло 89% золотого запаса страны, он был бы очень сильно удивлен.

Узнав о том, что для спасения людей от голодной смерти нужно купить зерно, Хаммер заявил о том, что у него есть деньги и он готов помочь России спасти людей от смерти.

Умирающие люди не могут ждать. Поэтому, он готов на свои деньги купить в Америке зерно и привезти его в Россию. А затем, уже отвести обратно в Америку советские товары, продажа которых компенсирует сделанные им расходы на поставку зерна. При этом личный интерес Хаммера должен был составлять всего 5% от стоимости советских товаров, проданных в США и 5% от стоимости зерна, купленного в Америке.

Об этих разговорах стало известно Ленину. Он решил встретиться с Хаммером и дал указание немедленно привести к нему молодого американского бизнесмена. 20 октября 1921 года состоялась историческая встреча главы Советской России с Армандом Хаммером.

Почему Ленин встретился с Хаммером?

У России не было ни дипломатических, ни торговых отношений с Англией, Францией и США. Россия объявила западные страны своими врагами и пыталась свергнуть их правительств. Она заявила о неизбежной победе мировой революции и готовности оказать военную помощь коммунистическим партиям и пролетарским революциям в завоевании власти в других странах. Россия финансировала коммунистические партии и рабочие движения.

Враждебное отношение западных стран к России было вполне естественной ответной реакцией. У Западных стран были свои политические, экономические и моральные причины не признавать Советскую Россию. Европа боялась агрессивного соседа и пыталась защититься от него «санитарным кордоном».

Политическая причина отсутствия дипломатических отношений заключалась в том, что Россия финансировала коммунистические партии и рабочие движения пыталась свергнуть правительства Западных стран.

Экономической причиной отсутствия торговых отношений был отказ Советской России признавать долги царской России, а также национализация имущества иностранных инвесторов в России, без выплаты компенсаций за их собственность.

Моральной причиной отсутствия деловых отношений были аресты и расстрелы людей без суда и следствия, пытки и массовые убийства. Никто не хотел иметь дел с режимом, который не только захватил силой власть в своей стране и убивает сотни тысяч своих граждан, но и заявляет о своей готовности любыми средствами помогать насильственной смене власти в Западных странах.

В качестве обязательных условий для установления нормальных дипломатических и торговых отношений, Западные страны требовали от Советской России выполнить два финансовых требования - признать долги царской России и выплатить иностранным инвесторам компенсации за имущество, конфискованное у них в России. Советская Россия с этими требованиями не соглашалась.

Англия, Франция и США много лет не признавали Россию и не имели с ней ни дипломатических, ни торговых отношений. Англия признала Россию в 1924 году и разорвала с ней дипломатические отношения в 1927 году. Отношения между странами были вновь восстановлены в 1929 году. Франция признала Россию в 1924 году и заключила с ней Торговое соглашение в 1934 году. США признала

Россию в 1933 году и заключила с ней Торговое соглашение в 1937 году.

России были нужны иностранные инвестиции и современные промышленные технологии. В отсутствие деловых отношений с правительствами западных стран, Россия пыталась установить деловые контакты с отдельными компаниями и иностранными инвесторами. Одним из самых простых вариантов получения инвестиций и современных технологий были иностранные концессии.

Кто-то должен был стать первым капиталистом, рискнувшим вложить деньги в Россию. Желательно чтобы им был тот, кого можно было потом контролировать. В качестве первого капиталиста, Ленин выбран сына знакомого ему американского коммуниста Джулиуса Хаммера.

Для Ленина было очень важна пропаганда мнимых успехов Советской власти. Ему нужно было показать Западу, что с Советским Союзом можно иметь дело. Что все это не сложно: привозите оборудование, открывайте заводы, делайте продукцию и зарабатывайте в России большие деньги.

Нужен был пример американского бизнесмена, который успешно ведет бизнес в России. Ленину нужен был «успешный красный капиталист». Важно, было показать всему миру, что в Москве можно жить весело, не хуже, чем в Америке. Ради этого Ленин был готов помогать любому американцу. Хаммер был лишь удобным случаем: молодой американец, сын коммуниста, который приехал в Россию зарабатывать деньги.

Всю свою долгую жизнь Хаммер был именно таким примером удачного бизнеса и роскошной жизни в России. Он был прекрасным примером «успешного красного капиталиста».

Ленин очень редко встречался с иностранными бизнесменами. Для него были более привычными встречи с журналистами и политическими деятелями. Как проходили эти встречи? Ленин говорил, а его собеседники слушали. Если Ленину было интересно их мнение, то он спрашивал своих собеседников, и они ему отвечали. Ленин ни с кем не вел деловых переговоров.

Его встреча с Хаммером прошла по-другому. Ленин сам начал обсуждать с ним конкретные вопросы и сделал своему собеседнику несколько предложений. Почему беседа проходила таким образом? Потому, что Ленин был инициатором встречи и Ленину было нужно, чтобы Хаммер взял на себя конкретные финансовые обязательства.

Правила ведения переговоров: *«В России очень важно быть нужным. Если вы нужны другим людям, то с вами договариваются и вам помогают в решении ваших вопросов».*

Если бы у Ленина не было интересов, связанных с Хаммером, то их встреча бы никогда не состоялась или она продолжалась бы очень короткое время. Чем больше Ленин видел возможностей использовать Хаммера, тем интереснее была для него эта встреча.

Что было нужно Хаммеру в России? Ему нужно было договориться о возврате денег за медикаменты и оборудование. Можно ли было решить этот вопрос с Лениным? Да, если кто-то и мог в то время решить этот вопрос, то это был Ленин. Подавляющее большинство других людей на месте Хаммера задали бы Ленину вопрос о возврате существующего долга. Они бы начали разговор с Лениным с просьбы и, скорее всего, ничего бы от него не получили.

Хаммер интуитивно понимал, что у него очень слабая позиция на переговорах с Лениным. В России была исключительно тяжелая ситуация – хаос и разруха. Денег не было. Его шансы на возврат долгов были равны нулю.

Из разговоров с Мартенсом, Хаммер понимал, что вместо возврата долга ему предлагают открыть концессию по добыче асбеста. Вместо денег ему предлагают коммерческий проект, который требует новых инвестиций. Если ему повезет, то он заработает на асбесте и компенсирует уже сделанные потери на оборудовании.

Первый правильный шаг, который сделал Хаммер на этих переговорах состоял в том, что он не начал их с очевидной просьбы об оплате долга за оборудование. То, что казалось очевидным поступком было бы явной ошибкой. Они обсуждали четыре важных вопроса. Был ли среди них вопрос о долгах Хаммеру? Нет, не был. Ленин знал о долгах, но ничего не сказал по этому поводу. На встрече обсуждали только те вопросы, которые были интересны для Ленина.

Хаммер поступил интуитивно. Он не стал обращаться с просьбой. Он понимал, что это бесполезно. Вместо очевидной просьбы, он сделал неочевидное предложение. Он сделал то, что сейчас считается одним из бесспорных правил проведения переговоров – начинать переговоры не с просьбы, а с выгодного предложения. Это был ключевой момент дальнейшего развития событий. Он сделал предложение, которое оказалось выгодным для Ленина.

Правила ведения переговоров: *«Переговоры нельзя начинать с просьб, их нужно начинать с выгодных предложений».*

Почему предложение Хаммера оказалось интересным для Ленина? Потому, что Хаммер интуитивно нащупал два самых больных места Советской Власти в тот момент времени. Какие именно? Первое слабое место – это голод и недостаток зерна. Люди умирали от голода! На улицах городов лежали трупы. Этот вопрос нужно было решать немедленно и любым способом.

Второе слабое место - отсутствие в стране денег. Денег катастрофически не хватало. Они были нужны для того, чтобы купить зерно и продукты питания, лекарства и медикаменты, и многие другие предметы первой необходимости.

Хаммер сумел сделать предложение, от которого невозможно было отказаться. Он предложил организовать и финансировать немедленную поставку зерна в голодающую Россию. Он сделал это предложение заранее, еще до встречи с Лениным. Без этого поступка, встреча с Лениным вообще бы никогда не состоялась.

Правила ведения переговоров: *«Чем лучше вы видите слабые места другой стороны, тем легче вам делать выгодные для нее предложения».*

Была ли связь между долгами за оборудование и поставками зерна из Америки? Нет, никакой связи не было. Эти вопросы были не связанными между собой. В этом и была сила его неочевидного предложения. Вместо того, чтобы просить о том, что нужно было ему, он предложил то, что было нужно было Советской Власти. В результате этого он получил выход на самый верх Советской власти и это позволило ему встретиться с Лениным.

Если бы Хаммер пытался сформулировать какое-либо предложение, связанное с возвратом ему долга, то у него ничего бы не получилось. Это было не интересно Ленину. Талант Хаммера проявился в том, что он сделал предложение, которое оказалось интересным для Ленина.

Что Хаммер получил взамен? Он получил покровительство Ленина. Теперь он мог решать любые нужные ему вопросы в России. После встречи с Лениным, все проблемы стали легко преодолимы. Все сложное, стало простым. Почему? Потому что Хаммер получил прямую поддержку самого могущественного человека в России – Ленина.

Хаммер поступил интуитивно, он сначала предложил то, что было нужно Ленину. Он предложил поставки зерна в Россию без предоплаты. Взамен он получил то, что было нужно ему - возможность решать любые вопросы в России. Хаммер сделал то, что сейчас считается одним из очевидных правил проведения переговоров – сначала дать другой стороне то, что ей нужно, а потом получить от нее то, что нужно ему самому.

Правила ведения переговоров: «Сначала дайте на переговорах другой стороне то, что нужно ей, а потом получите от нее то, что нужно вам»

У Хаммера не было опыта проведения деловых переговоров. Он не знал, как правильно вести переговоры, этому нигде нельзя было научиться. Он поступал интуитивно и это привело его на самый верх Советской власти. Он попал туда, куда не должен был попасть ни в каком случае. Между ним и

Лениным была пропасть и ему посчастливилось ее перепрыгнуть.

Одним из общепринятых правил переговоров является то, что участники переговоров предпочитают встречаться и договариваться с равными себе по положению и полномочиям. Встречи неравных случаются редко и не приводят к хорошим результатам. Старшие офицеры, тем более генералы, не любят обсуждать вопросы с младшими офицерами. Директора компаний не любят встречаться с менеджерами ниже своего уровня.

В силу уникальных обстоятельств, Хаммер попал на встречу с руководителем Советского государства, который легко решал любые сложные вопросы. Хаммеру понравился такой формат встречи. Он сделал это своим фирменным стилем. После встречи с Лениным, Хаммер пытался решать свои вопросы через руководителей государства, в котором у него был бизнес.

Он перепрыгивал через четыре-пять уровней иерархии управления. Если у него был вопрос относительно конкретного бизнеса, то он шел решать этот вопрос не к чиновнику, который отвечал за этот вопрос, и не к его начальнику, и не к министру, и не к главе правительства, он шел к руководителю страны. Он был единственным человеком, который поступал таким образом и получал при этом желаемые результаты.

Но секрет успеха Хаммера заключался не только в том, что ему удавалось попасть на самый высокий уровень власти. Самое главное было в том, что он оказывался полезным для своих собеседников. Он сначала предлагал им то, в чем они были заинтересованы, а затем получал от них то, что было нужно ему.

Во время встречи с Лениным у Хаммера было чувство, что поднялся на вершину горы, с которой ему была видна вся Россия. Ленин сказал ему: «Выбирай, чем ты хочешь заняться». Передо Хаммером была огромная страна с бесконечными природными богатствами и огромными потенциальными возможностями. Вождь этой страны предлагал ему свою неограниченную поддержку. На прощание Ленин подарил ему свое фото с надписью по-английски: «Товарищу Арманду Хаммеру от В. Ульянова (Ленина)».

Фото, подаренное Лениным Хаммеру.
Надпись: To comrade Armand Hammer from W.
Oulianoff (Lenin) 10.XI.1921 - Товарищу Арманду
Хаммеру от В. Ульянова (Ленина).

С этой фотографией было связано много историй. Одна из которых заключалась в следующем: «*Однажды Хаммер прилетел в Москву поздним вечером и попросил привезти его на Красную площадь. Там он попытался пройти в Мавзолей, который был уже закрыт.*

Хаммер вызвал начальника охраны и сказал ему, что он хочет пройти к Ленину.

Начальник охраны, стал объяснять: «Мы знаем, что, вы, господин Хаммер, уважаемый человек и большой друг Советской власти, но сейчас Мавзолей закрыт. Приходите завтра утром.»

И тогда Хаммер достал из бумажника пожелтевший листок бумаги, на котором было написано: «Пропускать ко мне товарища Хаммера в любое время дня и ночи». Подпись: «Ленин». Так Хаммер посетил своего старого друга Ленина». (4)

Как Ленин оценивал деятельность Хаммера?

Никому и никогда из иностранцев Ленин не оказывал такой сильной поддержки как Хаммеру. В России такой же сильной поддержкой Ленина пользовался только один человек - Ю.Н. Ломоносов. Ленин поручил ему покупать паровозы в Швеции в 1922-1923 годах.

В мае 1922 года Ленин послал Сталину записку следующего содержания: «Со своей стороны, я даю особую рекомендацию Арманду Хаммеру и требую, чтобы все члены Политбюро оказывали ему и его предприятиям практическую поддержку. Это небольшая тропинка в деловой мир Америки и ее нужно использовать любым путем». Текст записки был помечен грифами «Срочно» и «Секретно». Это было последнее распоряжение Ленина перед тем, как он серьезно заболел и практически отошел от дел.

Сталин поручил спецслужбам внимательно наблюдать за деятельностью Хаммера в России и докладывать ему лично. На заседании Политбюро, состоявшемся 2 июня, был одобрен план использования Хаммера в качестве советской тропинки в американский деловой мир. (2, 81-82)

Как прошли переговоры Хаммера с Лениным?

Хаммер приехал в Россию для того, чтобы договориться об оплате долгов за ранее поставленные медикаменты и оборудование. Этот вопрос мог решить только Ленин. У Хаммера была не только очень слабая позиция для этих переговоров, ему было не с кем разговаривать по этому поводу.

Хаммер сумел сделать так, что Ленин пригласил его на встречу, которая продлилась четыре часа. Как Хаммер смог зацепить Ленина? Он нашел то, что было исключительно важно для Советской Власти – поставки продовольствия. В стране был страшный голод. Ежедневно умирали тысячи людей. Нужно было зерно. Любой ценой и немедленно. Но отсутствие зерна было только первой частью проблемы. Самой главной проблемой было отсутствие денег для покупки зерна.

С первых дней своего бизнеса с Советской Россией Хаммер понял, что в этой стране хронически не хватает денег. Только в начале своей деятельности в России Хаммер сам финансировал свои проекты, в том числе: поставку медикаментов, добычу асбеста, поставки зерна и производство карандашей. После этого, он всю жизнь работал в Советском Союзе на чужих деньгах.

Как говорил самый богатый человек России 1990-х лет - Борис Березовский: «В России деньги всегда были и обязательно скоро будут. Но именно сейчас, когда деньги очень нужны, их нет». Золотым ключом успеха на переговорах в России всегда было финансирование. Тот, кто финансировал свои проекты или знал, где можно взять деньги, всегда занимал сильную выигрышную позицию на переговорах и добивался успеха.

Правила ведения переговоров: «Успех переговоров в России очень сильно зависит от возможностей финансирования. В России хроническая нехватка денег. Тот, кто приносит финансирование, тот выигрывает на переговорах».

Хаммер предложил не просто купить зерно в Америке и привезти его в Россию. Он предложил сделать это на свои деньги без предварительной оплаты. Он был готов сначала купить зерно для России, а потом получить советские товары в обмен за поставку зерна. От такого предложения невозможно было отказаться. Это предложение попало на самый верх. Ему стал покровительствовать Ленин.

Трудно представить себе аналогичную ситуацию в любой другой великой стране. Такое было возможно только в России и только в те годы, когда вопрос стоял о жизни или смерти её власти. После встречи с Лениным. Хаммер понял, что Россия страна огромных возможностей. В ней возможно то, что невозможно в других странах. Другой важной особенностью советского бизнеса было то, что все важные вопросы в России обсуждаются заранее и важные решения принимаются в неформальной обстановке.

Правила ведения переговоров: «Важные вопросы в России обсуждаются заранее и все важные решения принимаются в неформальной обстановке».

Покровительство Ленина привело к тому, что Хаммер попал в сильную позицию по любым переговорам. Любые бюрократические преграды стали для него ерундой. Ему даже выделили в помощь ВЧК. Хаммер получил неограниченные возможности для ведения бизнеса в России.

Ситуация складывалась настолько благоприятно для Хаммера, что он забыл о том, что бесплатный сыр бывает только в мышеловке. Очень скоро он заплатил за все это очень высокую цену. Он попал в капкан российских спецслужб.

В глазах американского бизнеса, Хаммер стал торговым представителем России в Америке. Он легко решал любые организационные вопросы, связанные с интересами американских бизнесменов в России. Для него не было ничего невозможного.

Для деловых кругов России, Хаммер стал торговым представителем Америки в России. Он легко устанавливал контакты с любыми американскими компаниями. В течение трех лет, в 1922-1925 годах Арманд Хаммер имел исключительное право представлять российские торговые интересы в США и интересы американских компаний в России. В эти годы Хаммер занимал исключительно сильную позицию на любых деловых переговорах в России.

Концессия асбеста на Урале

Начиная встречу с Лениным, Хаммер надеялся, что ему удастся договориться об уплате существующих долгов за медикаменты и оборудование. Он понимал, что взамен ему придется сделать что-то важное для Ленина. Он не знал, что конкретно может оказаться интересным для его великого собеседника. Оказалось, что это был вопрос открытия концессии по добыче асбеста.

«В начале встречи Ленин спросил Хаммера о том ездил ли он по России. Хаммер ответил, что он только что вернулся из поездки на Урал, где знакомился с жизнью в России. Одним из интересных промышленных объектов, которые он посмотрел были асбестовые рудники в Алапаевске, у которых большое будущее.

Реакция Ленина была неожиданной. Он спросил: «Почему бы вам не взять себе эту асбестовую концессию?» Хаммер растерялся и стал говорить о том, что переговоры о такой сделке могут длиться годами.

В ответ на это Ленин сказал: «Чтобы избежать бюрократии в этом вопросе, я назначу специальную комиссию, в которой будет человек из «ЧК» и попрошу, чтобы вам оказали всю необходимую помощь. Будьте уверены, все будет сделано очень быстро. Мы организуем все это немедленно.

О деталях не беспокойтесь. Я позабочусь о том, чтобы к вам отнеслись справедливо. Если что-нибудь понадобится сообщайте мне. Когда составите проект контракта, мы без промедления одобрим его в Совете Народных Комиссаров. Если понадобится, я даже не буду ждать заседания Совета. Такой вопрос можно легко решить по телефону». (3, 62)

Ленин предложил Хаммеру создать первую американскую концессию в России и обещал свою персональную поддержку в её работе. Ленин поручил контроль за деятельностью этой концессии Феликсу Дзержинскому, который был главой секретной полиции (ВЧК). С помощью ВЧК в России легко и быстро решались любые вопросы.

Сколько иностранных концессий было в то время в России? В России не было ни одной концессии.

Сколько времени длились рядовые переговоры по открытию концессий? Два-три года.

Был ли у Хаммера опыт создания концессий? Нет, не было. Он даже не понимал значения этого слова.

Знал ли Хаммер что-нибудь о концессиях в России? Нет, он ничего не знал об иностранных концессиях.

Была ли нужна Хаммеру это концессия? Нет, она ему была не нужна. Он обсуждал эти вопросы и согласился на участие в этой концессии только потому, что ему это предложил Ленин. Он не мог отказаться от такого предложения.

Были ли у него деньги для финансирования такого проекта? Нет, денег у него не было.

Были ли у Хаммера реальные шансы получить разрешение на такую концессию при нормальном развитии событий? Нет, без прямой поддержки Ленина у Хаммера не было никаких шансов получить концессию.

С самого начала, это было чисто политическое решение. Оно имело большое значение для пропаганды советских успехов и не имело никаких деловых перспектив. Начиная эту концессию Хаммер, был обречен на финансовую неудачу.

Встреча с Лениным принесла результаты уже на следующий день, Хаммер был на очередной встрече в Наркомате иностранных дел и вновь пожаловался на жуткие жилищные условия в гостинице «Савой». До этого на его жалобы никто не обращал внимания. В этот раз все было по-другому. Его собеседник немедленно отреагировал: «Почему вы нам раньше не сказали? Я немедленно организую вам другое жилье». Через полчаса Хаммера отвезли в роскошном лимузине в дом для гостей правительства, расположенный напротив Кремля. Для Хаммера это было очень наглядным примером того, как решаются вопросы в России. Чем выше твои покровители, тем легче решать вопросы в быту и в бизнесе. Хаммера поселили в апартаментах с ванной с горячей водой, большой удобной кроватью с настоящими простынями и одеялами. В доме гостей правительства был хорошо обученный обслуживающий персонал и великолепная кухня с французскими винами. Так началась новая жизнь Хаммера в России.

Контракт на асбестовую концессию в Алапаевске был подписан 2 ноября 1921 года, через десять дней после встречи с Лениным. Концессия давала право Хаммеру в течении двадцати лет добывать асбест в существующем открытом карьере и продавать его в Европе. Это была первая американская концессия в России. Она оказалась третьей среди всех иностранных концессий в Советской России.

После того как концессия была подписана, нужно было найти помещение для работы. Хаммер выбрал четырехэтажный дом по адресу Кузнецкий мост дом 4, в котором раньше размещалась московская контора придворного ювелира Карла Фаберже. Стоимость арендной платы была равна двенадцати долларам в месяц.

Хаммер начал оборудовать помещение под офис. На следующий день к нему пришли два офицера с вооруженными солдатами и заявили, что это помещение конфисковано, а все сотрудники Хаммера арестованы. Причина? Отсутствие разрешения от той организации, которую они представляли.

Хаммер попросил своего секретаря позвонить в приемную Ленина. Секретарь сняла трубку телефона и попросила соединить её с товарищем Лениным. Её соединили с секретарем Ленина, она объяснила ситуацию и передала трубку старшему офицеру. Тот встал по стойке смирно, сказал в трубку, что он все понял и немедленно покинул помещение. Никто больше Хаммера никогда не беспокоил.

Уроки бизнеса в России. *Это был второй очень убедительный для Хаммера урок бизнеса в России: «У всех, кто работает в России есть своя крыша. Чем выше крыша, тем легче решать все необходимые вопросы».*

После этого происшествия в офисе Хаммера была установлена охрана. Её вели сотрудники ВЧК. Вид такой охраны защищал офис Хаммера от непрошенных посетителей, ненужных проверок и бандитов. Всем стало понятно, что Хаммера лучше не беспокоить.

Через шесть месяцев после учреждения концессии на руднике построили производственные корпуса, завезли механическую дробилку для добычи асбеста, буровую технику, компрессоры, проложили узкоколейку к железнодорожной станции, привезли паровоз и вагонетки. Для рабочих построили жилые дома, больницу, школу и поликлинику. Рабочие рудника бесплатно пользовались отоплением, водой и электричеством. В 1924 году на руднике работало 151 человек, в 1926 году работало 266 человек (3, 85-86).

При модернизации рудника было много проблем. Часть горнодобывающего оборудования, отправленного из США, застряла где-то в пути. Вагоны с продовольствием для рабочих рудника, прятали на железнодорожной станции и не отдавали без выкупа. Рабочие не получали обещанного питания и были на грани восстания.

Хаммер позвонил в ВЧК и попросил помощи. Чекисты очень быстро доказали эффективность своей поддержки. Через несколько часов они приехали на железнодорожную станцию. Вагоны с продовольствием сразу же нашлись. Начальника станции расстреляли. После этого у Хаммера никогда не было проблем на железнодорожных станциях. Еще один раз Хаммер использовал ВЧК в ситуации, когда кто-то из местных чиновников вымогал у него взятку. Этого человека арестовали, но не успели расстрелять из-за того, что он покончил жизнь самоубийством.

Асбестовая концессия оказалась неудачным проектом. При ее создании больше думали о политическом эффекте, чем о реальном бизнесе. Арманд ничего не понимал в горнорудном бизнесе, у него не было ни знаний, ни нужных связей. Себестоимость добычи асбеста на Урале оказалась очень высокой, большие транспортные расходы и низкие цены в Европе делали этот бизнес убыточным.

Финансовые условия концессии предусматривали налоговые платежи исходя из количества добытой руды. Из каждых пятидесяти тонн добытой руды получалась одна тонна асбеста. Каждый месяц работы рудника приносил Хаммеру двадцать тысяч долларов убытков.

Было очевидно, что Ленин втянул Хаммера в красивый политический проект, у которого не было практического смысла. Этот бизнес нужно было закрывать, не привлекая к этому факту большого внимания. Концессия была расторгнута по обоюдному желанию в 1924 году. Убытки Хаммера в этой концессии и поставках зерна в Россию составили $455 тысяч долларов.

Уроки бизнеса в России. *Для Хаммера это был исключительно важный урок бизнеса в России: «Пропаганда и бизнес не имеют между собой ничего* *общего. Там, где начинается пропаганда, там заканчивается бизнес».*

Финансовый анализ деятельности Хаммера в России показывал, что все идет к скорому банкротству фирмы «Allied American». Перед Советской властью встала проблема что делать, спасти американскую фирму или дать ей разориться? Те, кто руководствовались экономической целесообразностью говорили, что им не нужен американский посредник, они могут обойтись без Хаммера. Спецслужбы говорили, что Хаммер им нужен и американскую фирму нужно спасти. Как всегда, победила точка зрения спецслужб и «Allied American» продолжила свою деятельность.

После смерти Ленина в 1924 году, НЭП, начали быстро сворачивать. Имущество иностранных концессий стали конфисковывать, а иностранных бизнесменов, поверивших, что с Советской Россией можно иметь дело, стали выпроваживать из страны. Так получилось, что Россия дала Хаммеру первую американскую концессию в 1921 году и самую последнюю концессию в 1925 году.

Почему Хаммеру дали первую американскую концессию в России?

Потому, что Россия была должна отцу Хаммера деньги за поставки медикаментов и оборудования из США. Таким образом хотели дать возможность семье Хаммера заработать и компенсировать финансовые потери. Из этой затеи ничего хорошего не вышло. Концессия не принесла прибыли, она принесла Хаммерам новые значительные убытки.

Почему Хаммеру дали вторую концессию в 1925 году, в то время, когда начали активную ликвидацию всех действующих концессий?

Потому, что Хаммер осуществлял «деликатные поручения» Советской власти и имел убытки от этой деятельности. Второй концессией Советская власть пыталась дать семье Хаммера возможность компенсировать эти убытки. В отличие от первой концессии с асбестом, вторая концессия – производство карандашей была очень удачной. Она принесла отличные финансовые результаты и была ликвидирована одной из последних в 1930 году.

Зерно в обмен на товары из России

В 1921 году в России был жуткий голод. Зерно нужно было любой ценой. Хаммер предложил покупать зерно в США и поставлять его в голодную Россию. В обмен за зерно, России должна была поставлять Хаммеру советские товары для продажи в Америке. Ленин полностью поддержал это предложение. Первой сделкой был заключенный 27 октября 1921 года, договор на поставку одного миллиона бушелей (27 тысяч тон) пшеницы взамен икры, пушнины и конфискованных у населения драгоценностей.

Хаммер приложил максимум усилий для того, чтобы выполнить свои обязательства по поставке зерна в срок. 25 декабря 1921 года, через два месяца после подписания контракта, в порт Петрограда прибыло судно с первой партией пшеницы из Америки. В ней было четыре тысячи тонн зерна. В порту судно ждали грузы для продажи в Америке: икра и мех. В порту Петрограда сотрудники Хаммера столкнулись с советской действительностью. Все делалось очень медленно. Хаммер пожаловался Ленину.

Ленин немедленно прислал телеграмму руководителю Петрограда Григорию Зиновьеву: *«Арманд*

Хаммер взял у нас первую концессию, очень выгодную для нас. Прошу немедленно распорядиться, чтобы не было допущено никакой волокиты, и чтобы надежные товарищ, под которыми имелись в виду сотрудники ЧК, лично наблюдали за успехом и быстротой всех работ для этой концессии. Это крайне, крайне важно». (3, 72)

Вместе с советскими товарами Хаммер вернулся в Америку. Он должен был продать эти товары и купить новую партию зерна. Продажа советских товаров оказалась очень непростым делом. Эти товары были хороши при индивидуальной продаже. Их продажа требовала индивидуального подхода и длительного времени. У Хаммера не было времени ждать, он вынужден был продавать меха и икру большими партиями по оптовым ценам. Кроме того, в икре обнаружили консерванты, запрещенные в США, и икру пришлось продавать в Канаде, по значительно более низким ценам. В целом, выручка от продажи советских товаров оказалась намного меньше ожидаемой.

Хаммер осуществил две поставки зерна по четыре тысячи тонн каждая. Каждая партия стоила около 150 тысяч долларов. За это время цены на зерно в Америке значительно повысились и закупки зерна в США стали невыгодными.

По инициативе советского правительства контракт на поставки зерна был расторгнут, в неудаче обвинили работников Наркомата внешней торговли. Но был ли этот контракт неудачей?

Этот контракт был заключен только потому, что нужно было срочно купить зерно и не было денег на его покупку. Главной задачей было спасение жизни людей. Цена поставки зерна даже не обсуждалась. Хаммер купил зерно по рыночным ценам в Америке на свои деньги и поставил его в Россию. В оплату зерна ему дали уникальный товар, требующий длительных сроков продажи по розничным ценам. Хаммер продал товар по оптовым ценам и получил легко предсказуемые убытки.

В очередной раз Хаммер убедился в том, что там, где принимаются политические решения, не остается места для нормального бизнеса. Спасти умирающим людей от смерти и выгодно купить зерно в Америке – это было две совершенно разных вопроса.

Хаммер взял на себя ответственность за срочные поставки зерна в Россию и профинансировал это за свой счет. Через два месяца после встречи с Лениным, зерно было в российском порту. Он полностью и в срок выполнил все взятые на себя обязательства. На этом он не только ничего не заработал, но и получил убытки.

Если Хаммер мало понимал в горнодобывающем бизнесе, то в поставках зерна он понимал еще меньше. Поставка зерна из Америки была еще более рискованным бизнесом, чем добыча асбеста на Урале. Его предложение о поставках зерна в кредит и последующей продажей советских товаров было ошибкой. Оно не было сознательным обманом, это было предложением наивного дилетанта.

То, что 23-х летний Хаммер искренне обманывался — это понятно. Мальчишка встречался с руководителем государства, одним из выдающихся политиков мира. Вполне естественно, что он соглашался со всем, что ему говорил его великий собеседник.

Возникает вопрос: «Почему обманывался Ленин?» Если первая американская концессия с добычей асбеста была для него чистым пиаром, то сделка с зерном была очевидной ошибкой Хаммера. Странно, что Ленин не понимал этого.

Торговый представитель в США

Во время беседы Ленин попросил Хаммера убедить американцев в выгоде торговли с Советской Россией. Большевикам нужны были американские инвестиции, промышленные технологии и техническая помощь для возрождения экономики. Ленин предложил Хаммеру стать агентом американских фирм, которые будут согласны торговать с Россией и дополнительно к этому, представлять торговые интересы России в Америке.

Ленину нужен был авторитетный агент влияния в Америке. И Ленина не подвела его интуиция, он не ошибся в Хаммере. В течении многих десятилетий в Америке громко звучал его голос в поддержку Советской России. Хаммер выступал в конгрессе, давал интервью на радио и телевидении, писал статьи в газетах, встречался с членами правительства и президентами США. Он был самым громким и самым убедительным агентом влияния Советского Союза в Америке за всю историю существования Советской власти.

Ленин пытался через Хаммера организовать закупки в США современного оборудования и промышленных технологий. Он дал указание оказывать Хаммеру любую необходимую ему помощь и содействие. Ни один другой бизнесмен, никогда не получал такой мощной поддержки от Советской власти. Последнее сообщение Ленина, адресованное Сталину, перед его инфарктом, был вопрос, связанный с деятельностью Хаммера.

Хаммер получил исключительное право продавать товары России в США. Он также получил исключительное право представлять американские компании в Советской России. Для этой деятельности он создал новую компанию «Allied American». Через очень короткое время торговый процесс пошел: в Америке закупались машины, станки, тракторы, а на Запад поставлялись русские меха. Эта торговая деятельность продолжалась три года. Хаммер привел в России много известных американских компаний.

Летом 1923 года в Москве проводилась сельскохозяйственная выставка. Фирма Хаммера представляла в Советской России несколько знаменитых американских фирм, в том числе компанию «Форд». Она продавала в России тракторы «Фордзон», автомобили и грузовики «Форда», и различное американское оборудование.

В 1922 году Хаммер подписал контракт с Наркоматом внешней торговли России о том, что фирма Хаммера является внешнеторговым представителем России в США. Для того чтобы подписать такой контракт Хаммер дал две гарантии. Первая гарантия о том, что годовой экспорт из России будет не меньше, чем импорт товаров из Америки. Вторая гарантия о том, что минимальная сумма экспорта из России составит не менее одного миллиона двести тысяч долларов. Контракт был заключен на один год с правом ежегодного продления. Этот контракт продлевался два раза в 1923 году и в 1924 году.

За три года Хаммер сумел стать представителем 38 американских компаний в Советской России. Его клиентами стали крупнейший в мире производитель грузовых автомобилей и тракторов «Форд», производители сельхозтехники – «Moline Plow» и «Caterpillar Tractors», крупнейший поставщик зерна – «United States Food Products», крупнейший импортер нефтепродуктов – «Sonneborn and Sons», «Ingersoll-Rand»,

«Parker Pen», «Underwood Typewriter» и «US Rubber». Главным его успехом было заключение соглашения с Генри Фордом. Россия нуждалась в американских тракторах и грузовых автомобилях. Форд мог решить эту проблему.

Огромными достижениями Хаммер было то, что он впервые сумел договориться с Генри Фордом о передачи технологии производства тракторов и технической документации, а также о стажировках российских инженеров на заводах Форда для изучения организации американского производства.

«Большинство этих инженеров были шпионами, специально подготовленными для кражи промышленных секретов. Это же условие Хаммер ставил в соглашениях и с другими американскими компаниями». (5, 47) Так был открыт российским спецслужбам легальный канал для промышленного шпионажа в США.

За три года действия контракта в 1922-1924 годы, фирма Хаммера вывезла из России товаров на сумму шесть миллионов долларов и на такую же сумму ввезла в Россию американских товаров. Хаммер перевыполнил свои обязательства более, чем в два раза. Из США в Россию поставляли оборудование, автомашины, трактора и станки. Встречным потоком из России в США продавали пушнину. Хаммер организовал скупочные пункты в Сибири и на Урале, которые осенью давали охотникам авансом продукты питания, одежду, ружья и охотничье снаряжение. Весной охотники возвращали шкурки норки, соболя и бобра.

Назначение Хаммера торговым представителем России в США было удачным решением. Хаммер вполне соответствовал задаче, поставленной перед ним Лениным. Он выполнил свое задание с блеском.

Он привел в Россию 38 крупных американских компаний, некоторые из которых были ведущими фирмами мира, как например «Форд» и «Caterpillar».

При этом не нужно забывать, что Ленин несерьезно относился к назначению своих представителей в Америке. В 1918 году, в течение одного года, он сменил трех полномочных представителей Советской России в Америке: сначала он назначил американца Вильямса, потом шведа Нуортева и затем немца Мартенса. Не удивительно, что ни один из них не был признан правительством США.

Встречи с Генри Фордом

Первые контакты Джулиуса Хаммера с Фордом по поводу поставок тракторов «Фордзон» в Россию состоялись в феврале 1919 года. Хаммер приезжал в Детройт для обсуждения этих вопросов. В то время в США действовало эмбарго на поставку тракторов и автомашин в Советскую Россию. Официальные поставки тракторов были запрещены. Но Россия была очень большим потенциальным рынком, поэтому Форд дал разрешение на проведение секретных переговоров по этому поводу. Он поручил это своему секретарю Эрнесту Лиеболду.

Джулиус Хаммер предлагал «Форду» заключить контракт на поставки тракторов в Россию. Лиеболд вел переговоры с несколькими покупателями и среди них он выбрал компанию Ивана Стахеева, которая уже имела опыт продаж тракторов в России. В марте 1919 года «Форд» заключил двухлетний контракт по поставкам тракторов «Фордзон» в Россию с компанией Стахеева. За два года в России было продано 238 тракторов.

Эмбарго на продажу тракторов в Россию было снято в 1921 году. Сразу после этого, в январе 1922 года Арманд Хаммер приехал в Детройт для встречи с Генри Фордом. Он хотел, чтобы «Форд» вместо закончившегося контракта со Стахеевым заключил с ним контракт на поставку тракторов в Россию.

Генри Форд был не только самым богатым американцем, но ярым антисемитом и известным противником советской власти. При этом он проявлял прагматизм, когда речь шла о продажах его тракторов в Россию. Коммерческая выгода была для Форда дороже, чем его идеологические установки. Он согласился встретиться с Хаммером.

Арманд Хаммер предложил Форду огромный российский рынок и свои связи с лидерами Советской России. Во время встречи Форд спросил Хаммера сколько тракторов ему нужно? Ответ Хаммера развеял все сомнения: «Миллионы!» Через две недели после этой встречи «Allied American» стала исключительным агентом фирмы «Форд» в России.

В этом случае Арманд Хаммер вновь показал очень высокий уровень мастерства переговоров. Он встречался с мировой легендой, с Генри Фордом. С человеком, которого было очень сложно убедить и который был очень недоверчивым. Одной их встречи оказалось достаточно для того, чтобы Форд ему поверил.

Что сделал Хаммер на этой встрече? Он предложил Форду самый большой в мире рынок тракторов. Сначала он сделал выгодное предложение Форду, а потом получал от него то, что ему было нужно – право быть исключительным представителем фирмы «Форд» в России. Для того, чтобы Генри Форд поверил слову 23-х летнего бизнесмена нужно было быть большим мастером переговоров.

В течении трех месяцев недоучившийся студент-медик Арманд Хаммер, не только встретился с двумя легендарными личностями - с лидером Советской России Лениным и автомобильным королем Генри Фордом, но и сумел договориться с ними о сотрудничестве. В это очень сложно поверить, но это было правдой.

Семья Хаммеров очень высоко ценила свой контакт с Фордом. Об этом говорит тот факт, что Джулиус Хаммер после освобождения из тюрьмы в апреле 1923 года должен был покинуть США. Вполне естественно, что он собирался уехать в Россию. Но прежде, чем покинуть Америку он поехал к Детройт для встречи с Фордом.

В то время было невозможно представить себе, что Генри Форд будет встречаться с одним из основателей коммунистической партии Америки, с евреем, с человеком только, что вышедшим из тюрьмы. Но их встреча состоялась, и она принесла интересные результаты. Форд предоставил фирме «Allied American» отсрочку платежей за поставленные в Россию трактора сроком на шесть месяцев. Кроме того, Хаммер предложил Форду рассмотреть вариант строительства сборочного завода в России и обещал свою поддержку этому проекту. Форд проявил явный интерес и сказал, что он серьезно относится к такой возможности.

Продажи тракторов «Фордзон» в России казались очень выгодным бизнесом. Спрос на трактора был безграничным, на за этим спросом не было реальных денег. Наркомат внешней торговли предложил Хаммеру другую схему. Наркомат будет поставлять Хаммеру русские меха и другие дорогостоящие товары для продажи в Америке, а вырученные деньги Хаммер будет использовать для оплаты тракторов и для пополнения резервных счетов спецслужб в США.

В течение 1923 года Хаммер продал в России 192 грузовика и 402 трактора, вместе с навесным оборудованием и запасными частями сумма продаж составила $1,2 млн долларов. Хаммер покупал трактора «Фордзон» за $630 долларов и продавал их за $1,600 долларов. Это вызвало большую зависть у работников Наркомата внешней торговли и было причиной нескольких служебных записок о том, что прибыли фирмы «Allied American» слишком высоки и другие внешнеторговые фирмы могут купить трактора «Фордзон» намного дешевле. В 1924 году Наркомат внешней торговли лишил фирму «Allied American» права закупать трактора у «Форда». Это право было передано фирме «АМТОРГ».

Потеря права торгового представителя России в США была большим ударом для Хаммера. Торговля с «Фордом» была его самым выгодным проектом, он имел тысячу долларов прибыли с каждого трактора.

Хаммер впервые столкнулся с ситуацией, когда хороший бизнес в России быстро закончился. За три годы работы торговым представителем у него были очень хорошие результаты. Он перевыполнил все свои обязательства. Но это никого не интересовало. Ему завидовали и хотели отнять у него выгодный бизнес.

Уроки бизнеса в России. *Это был еще один очень важный для Хаммера, урок бизнеса в России: «Хорошему бизнесу нужна сильная защита. Чем привлекательнее бизнес, тем сильнее должна быть его защита. Самый важный бизнес находится под покровительством Кремля».*

Если бы был жив Ленин то, у Хаммера не отняли бы права торгового представителя России в Америке. В отсутствие Ленина, нужно было искать другого влиятельного покровителя. В этот момент отец Хаммера обратился за помощью к Троцкому. Это была серьезная ошибка. В те годы покровительство Троцкого было хуже, чем отсутствие любого покровительства.

Уроки бизнеса в России. *Очередной урок бизнеса в России для Хаммера заключался в том, что: «В поисках покровителя в Кремле, очень легко ошибиться. Если поставить не на того покровителя, то и защиты не будет и бизнес будет потерян».*

Этот поступок выглядел вполне логичным, но он был ошибочным. Отец Хаммера пошел легким путем, к тому, кого он знал. А нужно было идти трудным путем к тому, кто был в то время уже был самым сильным – к Сталину. Только он мог заменить покровительство Ленина.

Чтобы исправить ситуацию с «Фордом», Джулиус Хаммер обратился за помощью к Льву Троцкому. Они были давно знакомы и Хаммер помогал Троцкому в США. Он делал паспорт, по которому Троцкий вернулся в Россию в 1917 году.

В 1924 году Троцкий был все еще одним из самых влиятельных руководителей в Советской России. Хаммер попросил его оставить за семьей Хаммера контракт с Фордом. После этой встречи, Троцкий направил конфиденциальное сообщение директору «АМТОРГА» о том, чтобы сохранить контакты Хаммера с Фордом. По мнению Троцкого, с капиталистом Фордом нужно разговаривать на понятном ему языке бизнеса и поручить такие переговоры нужно капиталисту Хаммеру, а не советскому чиновнику из «АМТОРГА».

«Так было принято решение о том, что до момента открытия посольство СССР в США и пока «АМТОРГ» будет основой для организации шпионской деятельности в Америке, все контакты с фирмой «Форд» будут осуществляться через Хаммера». *(2, 98)* В 1924 году продажи составили 150 грузовиков и 3100 тракторов «Фордзон», в 1925 году 430 грузовиков и 10515 тракторов. Не смотря на рост продаж тракторов, в 1926 году закупки тракторов были переданы компании «АМТОРГ».

В 1924 году на заводе «Красный Путиловец», который потом был переименован в Кировский завод, начали собирать советский трактор «Фордзон Путиловец» из американских комплектующих. Это было нелегальное копирование. Советский трактор оказался в четыре раза дороже. Его себестоимость была 4200 рублей. В то же самое время стоимость «Фордзон» составляла 630 долларов, что было эквивалентно 1300 рублей. В 1924 году «Красный Путиловец» собрал 74 трактора, в 1925 году - 422 трактора, в 1927 году - 1100 тракторов и в 1928 году – 2300 тракторов. Потом поставки запчастей из США прекратились, и сборка тракторов закончилась.

В 1926 году «Форд» первый и последний раз дал «АМТОРГУ» товарный кредит на оплату последних 25% стоимости закупки. В случае заказа более 12 тысяч тракторов, «Форд» разрешил рассрочку платежа на 10 месяцев. «АМТОРГ» заказал 12 тысяч тракторов и использовал кредит, а фактически купил намного меньше.

После этого отношения с «Фордом» испортились. «АМТОРГ» требовал кредит на закупки тракторов, а «Форд» отказывался продавать трактора в кредит. Там, где капиталисты Арманд Хаммер и Генри Форд легко бы договорились между собой, советские чиновники из «АМТОРГА» испортили отношения с «Фордом» и сломали хорошо поставленный бизнес.

После этого объемы закупок тракторов «Фордзон» стали резко сокращаться. За четыре года с 1926 по 1929 годы в России было продано пять тысяч тракторов. В два раза меньше, чем в одном 1925 году. Лидерство на рынке России перешло к американской фирме «International Harvester». В 1929 году она продала в России двадцать тысяч тракторов.

Глава 3
Сотрудничество со спецслужбами

Хаммер и Феликс Дзержинский

Во время беседы Ленина с Хаммером обсуждались четыре важных вопроса: концессия по добыче асбеста на Урале, поставки зерна из Америки в Россию, организация торговли между американскими фирмами и Россией, а также сбор денег у американцев в США для передачи их родственникам в России.

Хаммер согласился активно участвовать в решении всех этих четырех вопросов. Он не понимал, что участие в организации сбора денег американцев для передачи их российским родственникам имеет не только двойное, но и тройное дно. Участие в этом проекте привело Хаммера в руки российских органов государственной безопасности. После этой встречи у Хаммера уже не было выбора, он мог выжить только в том случае, если становился агентом российских спец-служб. В противном случае, он уже бы уже никогда не вернулся в Америку.

В первые годы Советской власти названия органов государственной безопасности часто менялись: ВЧК (1917-1922), ГПУ (1922-1923), ОГПУ (1923-1934), НКВД (1934-1946), МГБ (1946-1953), КГБ (1954-1991), ФСБ (1991). Руководителем органов государственной безопасности со дня их создания в 1917 до 1926 года был Феликс Дзержинский. Его имя знала вся страна. У него были исключительно высокие полномочия. В 1923 году ГПУ и ОГПУ имели в своем составе четыре управления: секретно-политическое, экономическое, управления войск ГПУ и иностранный отдел внешней разведки.

Тысячи коммунистов и социалистов в различных странах мира считали своим долгом помогать Советской власти. Одни из них помогали бескорыстно, другие работали за деньги. Любая нелегальная деятельность требовала организационных расходов. У России никогда не было проблем с вербовкой иностранных агентов. У нее были проблемы с финансированием их деятельности. В тех странах, где были посольства России эта работа велась под дипломатическим прикрытием. Под видом дипломатов работали представители внешней разведки.

В тех странах, с которыми не было дипломатических отношений, такими как Англия, Германия, Франция и США, приходилось использовать внешнеторговые компании. Вполне естественным прикрытием промышленного шпионажа всегда была внешнеторговая деятельность. Какие-то образцы техники и техническую информацию покупали то, что нельзя было купить воровали.

Советская внешняя разведка вела активную шпионскую деятельность в Европе и США. Резиденцией советских разведывательных служб в Англии была компания «АРКОС», созданная в Лондоне в 1920 году. Резиденцией советских спецслужб в Германии была фирма «ВЕСТОРГ», расположенная в Берлине. Шпионская деятельность в США осуществлялась через фирму «АМТОРГ», созданную в Нью Йорке в 1926 году

Для регулярной передачи денег нужны были финансовые курьеры способные свободно перемещаться в Европе и в Америке. Самым ценным курьером ОГПУ в 1920-ых годах был Арманд Хаммер.

Сотрудничество Хаммера с Дзержинским началось в 1921 году. Сначала Ленин поручил Дзержинскому оказывать любое содействие Хаммеру, в связи с его концессией на Урале. Потом ВЧК решил использовать компанию Хаммера для сбора денег в США и финансирования своих нелегальных операций.

Дзержинский решил познакомиться с Хаммером поближе. Сделал он это привычным для ВЧК способом. Поздно ночью американца задержали и привезли на Лубянку в кабинет Дзержинского. Грозный шеф ВЧК объяснил Хаммеру, что если он хочет выжить, то должен стать сотрудником российских спецслужб. Он не имеет права взять себе ни одного цента, из денег собранных в США. Хаммер понял, что на кону стоит его жизнь и заключил сделку с дьяволом. После этой встречи у Хаммера появился псевдоним, в переписке российских спецслужб его стали называть «Принцем».

Был ли у Хаммера выбор? Мог ли он отказаться? Скорее всего, нет. Он выбирал между жизнью и смертью и не мог поступить иначе. Через много лет, в одном из своих интервью, Хаммер сказал, что: «Тот, кто ведет бизнес в России должен быть готов к интересу со стороны КГБ». Он бы мог продолжить, что после контактов с КГБ, этот бизнесмен должен быть готов к повышенному интересу со стороны ФБР.

Под прикрытием спецслужб в Москве

Никто из иностранцев никогда не имел такой явной поддержки в Советской России как Хаммер. Чрезвычайную важность деятельности Хаммера для советской власти показывает то, что ему был выделен в пользование шикарный 24-комнатный особняк в центре Москвы с прислугой. Это было отдельно стоящее трехэтажное здание, облицованное серым гранитом, с большим садом.

На первом этаже размещалась огромная кухня и столовая с потолком, выложенным мозаикой из венецианского стекла. Стены столовой и нескольких гостиных были увешаны картинами, старинными иконами, уставлены шкафами и горками с хрусталем, фарфором и серебром.

Из-за отсутствия в Москве американского посольства, дом Хаммера стал центром западной жизни, местом для встреч иностранцев. На званых обедах, которые устраивались почти ежедневно, корреспонденты иностранных газет, деловые люди и дипломаты встречались с членами советского правительства.

Гостеприимство Хаммера было поистине «царским». Водка лилась рекой, черная икра подавалась в огромных хрустальных вазах, и зачерпывали ее ложками. В бальной комнате танцевали до упаду актрисы и балерины. Среди гостей было много сотрудников Лубянки. Одним из таких агентов была и первая жена

Арманда Хаммера – популярная исполнительница цыганских романсов Ольга Вадина.

Кто платил за все эти пиршества? Кто оплачивал содержание многочисленной прислуги? Кто нанимал и оплачивал охрану этого райского места? Хаммер? Нет, для него это было слишком дорого. Все расходы оплачивались из специальных фондов спецслужб. Все работники этого особняка: повара, горничные, музыканты, водители, охрана, все без исключения были сотрудниками спецслужб.

Жизнь Хаммера в России была витриной успеха. Советская власть публично показывала иностранцам как хороша жизнь в Советской России. Ленин был сторонником свободной любви и в доме Хаммера можно было найти все запретные удовольствия: актрисы, балерины, проститутки, пьяные оргии, наркотики. В доме было так много сотрудников Лубянки, что можно было не сомневаться, что все сказанное и сделанное в доме Хаммера немедленно становилось известным спецслужбам. Все это продолжалось до 1930 года, когда советское правительство выкупило у Хаммера карандашную фабрику и попросило освободить особняк.

В 1925 году ситуация изменилась. После двух лет успешной работы Нарком внешней торговли Леонид Красин отказался продлевать соглашение с фирмой Хаммера. Он сказал, что теперь Россия будет вести внешнюю торговлю самостоятельно, через советские организации «АРКОС» в Англии, «ВЕСТОРГ» в Германии и «АМТОРГ» в США. Посредники больше были не нужны.

Фирма «АМТОРГ» была зарегистрирована в мае 1924 года. Она была полным клоном компании «Allied American»: арендовала те же самые помещения в

Нью-Йорке (165 Broadway New York, suite 1707), в ней работали те же самые сотрудники, она вела те же самые контракты и решала те же самые задачи. Основное различие было в том, что эта фирма принадлежала Советской России, а не Хаммеру.

За пять лет эта компания три раза меняла свое название. В марте 1919 года она называлась «Государственного бюро Советской России», через три года произошла смена вывески и в 1922 году компания стала называться «Allied American» и через два года в 1924 году произошла очередная смена вывески. Она стала называться «АМТОРГ».

«АМТОРГ» подчинялся трем наркоматам: наркомату внешней торговли, наркомату иностранных дел и внешней разведке ОГПУ. По линии наркомата внешней торговли он оформлял контракты с американскими фирмами и осуществлял оплату их услуг. «АМТОРГ» был не только основным покупателем России в США, но и основным источником экономической информации об Америке.

По линии наркомата иностранных дел, «АМТОРГ» выполнял функции посольства России в США и вел дипломатическую работу. Как и любая другая дипломатическая организация России, «АМТОРГ» проводил нелегальные операции спецслужб и сбор секретной информации в США. В его штате, под видом торговых работников, действовали сотрудники главного разведывательного управления (ГРУ) и внешней разведки ОГПУ. Они вели научно-техническую разведку. «АМТОРГ» осуществлял нелегальные операции советских спецслужб в США и финансировал их деятельность.

«АМТОРГ» проводил несколько видов работ: внешнеторговую и дипломатическую деятельность, научно-техническую разведку и финансирование нелегальных операций в Америке. Формально он был внешнеторговой компанией, фактически он был центром разведывательных и нелегальных операций. В нем вели многоуровневую бухгалтерию и систему отчетов.

Хаммер приложил много сил для развития торговли между Россией и США. За несколько лет года работы он получил прекрасные результаты, в три раза перевыполнил поставленные перед ним задачи. И теперь он должен был отойти в сторону и передать всю внешнеторговую деятельность в руки «АМТОРГа», который был создан на деньги его отца, размещался в помещении, принадлежащем его отцу и в котором работали работники, нанятые на деньги его отца.

Не много людей на месте Хаммера согласились бы без боя отдать завоеванные позиции и смириться с таким решением. Хаммер смирился. Он не препятствовал передаче своих проектов в «АМТОРГ». Он понимал, что в деятельности «АМТОРГА» слишком много связано с деятельностью спецслужб, от которой ему лучше держаться подальше.

Деньги для нелегальных операций

В одном из своих рассказов о его опыте работы в России Арманд Хаммер сказал, что тот, кто имеет дело с советским правительством, должен быть готов к тому, чтобы иметь дело с КГБ.

Шпионская сеть не могла существовать без стабильного финансирования. Деньги были нужны для финансирования промышленного и военного шпионажа, покупки секретной информации, содержания и переездов агентов, легального прикрытия нелегальной деятельности резидентов. Для шпионской деятельности было нужно много наличных денег и эти деньги нужно было передавать агентам своевременно.

Согласившись на участие в финансировании операций российских спецслужб в США, Арманд Хаммер переступил черту, за которой уже не было возврата. Он стал активным участником нелегальных операций российских спецслужб.

Сбор денег в США

У Джулиуса Хаммера в США была фармацевтическая компания «Allied Drug». На самом деле это было несколько небольших аптек. Хаммер передал фактический контроль за деятельностью этой компании спецслужбам России. Он остался юридическим владельцем и разрешил использовать свое имя для прикрытия операций российских спецслужб в США.

ГПУ стала использовать компанию «Allied Drug» для сбора денег в США. Многие американцы имели родственников в России хотели поддержать им материально, но не имели такой возможности. В связи с этим у ГПУ возник план, в соответствии с которым, американцы получали право внести свои деньги на банковский счет «Allied Drug» в американском банке в США. Эти деньги оставались в США и использовались для финансирования шпионской деятельности, а эквивалентная сумма в рублях передавались родственникам американцев в России.

Так был открыт легальный канал сбора денег в США для финансирования нелегальных операций российских спецслужб. ГПУ получала возможность аккумулировать значительные денег в США и использовать их по своему усмотрению.

Вполне естественно, что у руководителей ОГПУ возникало желание увеличить денежный поток из Америки. Для этих целей в ОГПУ был создан специальный отдел задач которого было увеличение валютных поступлений. Этот отдел разрабатывал различные способы выкачивания иностранной валюты и ценностей из населения. Один из активно применяемых им методов назывался «деньги для спасения». Он заключался в том, что ОГПУ арестовывали советских граждан, у которых были состоятельные родственники в Америки и держали их в тюрьмах до тех пор, пока родственники из Америки не платили за них выкуп в долларах.

Передача денег из России

Хаммер стал активным участником нелегальных финансовых операций. Именно он, из рук в руки, передавал деньги советской военной разведки её агентам в различных странах мира.

«Как работал канал по передаче денег агентам советской разведки? Все начиналось в Москве. Хаммер получал переводной вексель на приобретение товаров за границей от Советской государственной торговой организации (ГОСТОРГ). Этот вексель был государственной гарантией того, что после доставки товаров в Россию они будут немедленно оплачены в полном объеме.

С этим векселем он шел московское представительство английского банка «Lloyd Bank» и под эти гарантированные Советским правительством финансовые документы брал банковские векселя на закупку товаров. Предъявленные в Лондоне, эти векселя превращались в наличные фунты стерлингов и могли тратиться на всё, что угодно. Часть этих денег Хаммер тратил по назначению и отправлял нужные товары в Россию, а остальные деньги он перечислял на «резервный счет» в Нью Йоркском банке, который использовался спецслужбами для финансирования деятельности нелегальных агентов в США.

Таким образом передавали десятки миллионов долларов. Контроль за этими операциями осуществлял Генрих Ягода, занимавший в то время должность заместителя начальника ОГПУ. Ягода пытался контролировать каждую банковскую операцию и каждую потраченную копейку на этих счетах.

Разоблачить эту схему было очень сложно. ФБР знало, что получателями денег являются агенты советской разведки и американские коммунисты, но ничего не могло сделать. Все концы операций находились в Москве. (2, 104-105)

В 1924 году Россия купила на имя Хаммера второй по величине банк в Эстонии - «Harju Bank», который просуществовал около года и был закрыт эстонскими властями в 1925 году из-за того, что банк подозревали в тайных переводах денег из России за границу.

Советская Россия открыто заявляла о готовности оказать военную помощь в установлении советской власти в других странах мира. Для этих целей в 1919 году в России была создана специальная организация – коммунистический интернационал «Коминтерн». Он занимался подготовкой кадров, финансированием коммунистических партий и революционной деятельности, финансированием планированием и осуществлением нелегальных операций в других странах.

Конкретная ситуация: «Финансирование Коминтерна»

Советская Россия не жалела денег для расходов «Коминтерна». Одна из описей ценностей, единовременно переданных «Коминтерну», включала в себя:

1. *120 бриллиантов по восемь с половиной карат каждый. Стоимостью 215 тысяч золотых рублей.*
2. *50 колец бриллиантовых с рубинами. Стоимостью 150 тысяч золотых рублей.*
3. *25 запонок жемчужных. Стоимостью 75 тысяч золотых рублей.*
4. *15 браслетов платиновых. Стоимостью 47 тысяч золотых рублей.*

Отправляя все это добро на Запад без таможен и пошлин, нарком Анастас Микоян говорил: «Когда свершится мировая революция, мы все заберем обратно».

Доставка финансовых ценностей в США была очень сложным вопросом. Самым надежным курьером был Арманд Хаммер. У него было разрешение пересекать границу Советской России без пограничного и таможенного контроля. Он перевозил секретные грузы и документы, которые никто не должен был видеть.

В 1924-1925 годах Хаммер был в постоянных разъездах в Европе. Фактически он стал курьером и редко останавливался в одном городе больше двух дней: Берлин, Гамбург, Таллинн, Париж, Лондон. Его обязанности состояли в том, чтобы встречаться с курьерами из России и получать у них наличные деньги. Подробные инструкции о месте встречи, именах российских курьеров и суммах денег Хаммер получал от своего отца. После получения денег, Хаммер вносил их на счет компании «Allied American» в Лондоне и направлял телеграмму в Нью Йорк, в подтверждение того, что эти деньги можно передавать по назначению.

Конкретная история: «Как была организована передача денег»

Письмо Джулиуса Хаммера направленное Арманду Хаммеру от 4 декабря 1924 года: «Я надеюсь, что, когда это письмо прибудет в Берлин, ты сможешь его получить. Родственник г-на Монес, фармацевт из Нью Йорка, встречался со мной и попросил получить от его друга в Берлине деньги в сумме $6,400. Он просит получить эти деньги и передать их ему в Нью Йорке. Прошу сделать все необходимое и дать мне телеграмму после получения денег. Все сопутствующие расходы будут компенсированы из полученных денег».

После получения подтверждающей телеграммы от Арманда, Джулиус Хаммер выписал г-ну Монес чек на сумму $5,000. Разница была сопутствующими расходами.» (2, 102)

Глава 4
Секретные военные проекты с Германией

После поражения в Первой мировой войне, Германия подписала Версальский договор 1919 года, по условиям которого, она не имела права иметь военную промышленность, танки, подводные лодки и военную авиацию. Ей было запрещено готовить военные кадры.

Германия пыталась найти варианты развития своей армии без явных нарушений условий Версальского договора. Таким вариантом было сотрудничество с Советской Россией. В 1922 году Германия предложила построить на территории России военные заводы для производства вооружений, самолетов и боеприпасов, оснастить эти заводы необходимым оборудованием и обучить технических специалистов. Германия предложила России кредиты на закупку оборудования для оснащения этих заводов.

Правительство России разрешило немецкой армии (Рейхсверу) организацию в России объектов для испытания военной техники и обучения военных кадров запрещенных Версальским договором. Советские специалисты стали участвовать в испытаниях немецких самолетов, танков и химического оружия. Командиры Красной армии получили возможность обучаться в немецкой военной академии и принимать участие в военных маневрах на территории Германии.

Первыми совместными военными проектами в России стали:

- Авиационный завод фирмы «Юнкерс» в Москве;
- Истребитель «Хейнкель» в Москве
- Двигатель «BMW-6» в Рыбинске
- Авиационная школа в Липецке
- Танковая школа в Казани;
- Химический полигон «ТОМКА» в Шиханах Саратовской области.

Немцы были готовы строить за свой счет военные заводы в России и оснащать их современным оборудованием. Германия обещала давать этим заводам свои военные заказы. Немецкие рабочие и инженеры были командированы на военные заводы в России для того, чтобы работать на ключевых позициях и обеспечить высокое качества продукции,

Реализация этой программы требовала тесного взаимодействия между советскими и немецкими спецслужбами. Со стороны Германии эти работы проводила компания «GEFU». Советские спецслужбы должны были иметь аналогичную компанию со своей стороны. Для участия в этих сверхсекретных работах советские спецслужбы выбрали американскую компанию «Allied American». Хаммера поставили об этом в известность и пригласили приехать в Берлин для обсуждения деталей сотрудничества. Когда Хаммер приехал в Берлин, то там уже работал большой немецкий офис его компании, укомплектованный советскими сотрудниками. Офис располагался рядом с «ВЕСТОРГОМ», который был резиденцией советских спецслужб в Германии.

«Allied American» подписала соглашение о создании совместного предприятия с немецкой фирмой «Soblatnik», которая была основным поставщиком самолетов для немецкой армии. Эта фирма спроектировала новый бомбардировщик, производство и испытания которого должны были проводиться в России. Для организации производства нужно было провести модернизацию авиационного завода в Филях и подготовить летчиков в авиационной школе в Липецке. Расходы совместного предприятия финансировались на равных Германией и Россией.

Хаммер принимал активное участие в военно-техническом сотрудничестве между Советской Россией и Германией. В течение очень короткого промежутка времени маленькая компания «Allied American» стала крупной международной фирмой с офисами в Москве, Нью-Йорке, Лондоне, Берлине, Риге и Киеве. (2, 76-79)

Авиационный завод «Юнкерс» в Москве

Самым большим немецким военным проектом в России была концессия авиационного завода фирмы «Юнкерс» в Москве. Контракт был заключен в 1922 году. Фирма «Юнкерс» получила в арендное пользование Русско-Балтийский завод (завод им. Хруничева) сроком на тридцать лет.

Фирма «Юнкерс» должна была за два года построить в России современный авиазавод способный выпускать 25 самолетов в месяц. Полностью оснастить завод современным оборудованием и квалифицированными немецкими специалистами. Финансирование строительства авиационного завода осуществлял Вермахт. Сумма его инвестиций составляла 100 миллионов марок.

В этом проекте было три участника: Рейхсвер, Красная армия и немецкая фирма «Юнкерс». У каждого были свои интересы. Рейхсвер вел проект как военно-политическую сделку, экономическая сторона дела его не интересовала. Красная армия пыталась получить доступ к немецким военным технологиям. Ей нужно было построить в России большой современный авиационный завод. Немецкие военные технологии, немецкое оборудование, немецкое финансирование. Все за чужой счет. В России это называется «на халяву». В таких случаях тратят не считая. Третий участник – немецкая фирма «Юнкерс» хотела получит прибыль. Ей нужны были заказы на военные самолеты от Германии и России. Но гарантированных заказов не было. Тройка участников проекта действовали как «лебедь, рак и щука». Этот проект с самого начала был обречен на неудачу.

Начало выпуска самолетов было запланировано на 1 октября 1923 года. За три года, завод должен быть выйти на проектную мощность в 300 самолетов в год, и стать самым большим авиационным заводом России. Фирма «Юнкерс» полностью выполнила взятые на себя обязательства. Она перенесла производство самолетов Германии в Россию и перевела на авиазавод в Москве 150 квалифицированных немецких специалистов.

В 1924 году Московский авиазавод изготовил 170 самолетов «Юнкерс». В два раза больше, чем выпуск всех авиазаводов России, вместе взятых. Самолеты «Юнкерса» были надежными и могли использоваться как в военных, так и в гражданских целях. В завод были вложены огромные инвестиции, но у него не было заказов. Советская сторона была согласна покупать самолеты по ценам возможным только при полной загрузке завода.

По условиям контракта, Красная Армия должна была покупать 60 самолетов в год. Современные самолеты были крайне необходимы, но денег на закупку самолетов не было. Более того, эти самолеты должны были покупаться по твердым ценам, рассчитанным исходя из полной загрузки оборудования на выпуск 300 самолетов в год.

В свою очередь, Рейхсвер заказал 100 самолетов, а потом сократил свой заказ до 50 самолетов. Треть годового выпуска самолетов 1924 года осталась непроданной. Из-за отсутствия заказов фирма «Юнкерс» не смогла вывести завод на проектную мощность и получила большие убытки. В конце 1924 года «Юнкерс» прекратил сборку самолетов в Москве.

Конкретная ситуация: «Умение составлять контракты»

Вопрос: «Что главное в «правильно» составленном контракте?»

Ответ: «Наличие невыполнимых условий! В контракте должны быть такие условия, которые невозможно выполнить.»

План расторжения концессии с фирмой «Юнкерс» возник в штабе главкома ВВС. Он состоял из трех этапов:

- Первый, копирование полного пакета технической документации для изготовления самолетов «Юнкерс» («Ю-20» и «Ю-21»)
- Второй, переманивание нескольких десятков ключевых немецких специалистов.
- Третий, поиск предлога, позволяющего придраться к какому-то формальному нарушению условий договора и расторгнуть концессию. В результате чего конфисковать все оборудование немецкого авиационного завода без выплаты каких-либо компенсаций.

Для того, чтобы понять истинные причины национализации авиационного завода, достаточно познакомиться с двумя очень любопытными документами:

Письмо главкома ВВС П. Баранова:

В ноябре 1925 года Главком ВВС - П. Баранов, писал в секретном письме наркому К. Ворошилову: «Считаю необходимым организовать изготовление самолетов на заводе «Юнкерс» собственными силами.

Личный состав:
– Главный инженер завода «Юнкерс» Шаде и его помощник Гейрих, а также группа ведущих инженеров в составе десяти человек состоят на службе «АВИАТРЕСТА».
– Поддерживается связь со специалистами завода «Юнкерс» в Германии. Нужные специалисты могут приехать для работы в Москву из Германии. С некоторыми из них уже имеются устные и письменные договоренности.

Организация производства.

- Все необходимые чертежи и материалы были изъяты нами в секретном порядке с завода «Юнкерс».

- На основании этих материалов, группа русских инженеров, ранее работавшая у «Юнкерс», разработала все необходимое для организации собственного производства.

- Мы имеем все чертежи и материалы для немедленной постановки в производство «Ю-20» и «Ю-21», изготовляющихся заводом «Юнкерс».

Сроки серийного производства.

- Завод «Юнкерс» может быть подготовлен для серийного производства самолетов в течение двух месяцев с момента перехода в наше распоряжение.»

Записка в Политбюро ЦК ВКП(б):

Председатель ОГПУ Феликс Дзержинский и нарком по военным и морским делам Клим Ворошилов, 1 марта 1926 года, писали в совместной записке в Политбюро ЦК ВКП(б): «Нам известны все чертежи и необходимые данные для организации собственного изготовления самолетов на заводе «Юнкерса». Мы настаиваем на необходимости немедленного расторжения концессии.»

Концессия с фирмой «Юнкерс» была расторгнута в марте 1926 года. А через год этот завод вышел на проектную мощность, и стал самым крупным авиационным заводом в России. Он стал называться авиазаводом №22.

В 1926 году Советское правительство расторгло концессию с фирмой «Юнкерс», заключенную на 30 лет. Все оборудование завода, материалы и детали для изготовления самолетов были конфискованы без каких-либо компенсаций. Фирма «Юнкерс» обанкротилась.

Концессия строительства авиазавода в Москве оказалась катастрофически неудачной для немецкой фирмы «Юнкерс» и исключительно удачной для Советской России. В результате этой концессии Россия не только бесплатно получила огромный современный авиационный завод, полностью оснащенный немецким оборудованием, с технологическими процессами и с обученным персоналом. Но и получила современный военный самолет со всей необходимой документацией для его изготовления и эксплуатации.

Расторжение договоров концессии за невыполнение отдельных пунктов договора и отказ от оплаты всех уже выполненных работ стали носить массовый характер. Советское правительство много раз использовало этот коварный прием в отношениях с западными фирмами и каждый раз конфисковывало иностранное оборудование заводов, продукцию, полуфабрикаты и запасные части без оплаты и компенсаций.

Истребитель «Хейнкель» в Саратове

В течении нескольких лет советские конструкторы пытались спроектировать современный самолет истребитель. После нескольких неудач, командование ВВС решило заказать разработку самолета истребителя у фирмы «Хейнкель» в Германии.

По заказу Советской России в 1927 году в Германии были изготовлены два самолета «HD-37». Договор о покупке лицензии с фирмой «Хейнкель» был заключен в 1930 году. Россия получила право на серийное изготовление самолета «HD– 37C» сроком на три года. Контракт предусматривал техническую помощь фирмы «Хейнкель» в организации производства.

Сборка немецкого «Хейнкель HD-37C», названного в России «И-7» осуществлялась в Саратове. В 1931 году были построены для первых образцовых самолета. В 1931-1934 годах было изготовлено 130 истребителей.

Самолеты «Хейнкель HD-37» для Германии, тайно собирались на заводе комбайнов в Саратове. В разобранном виде эти самолеты паковались в ящики и под видом комбайнов, в обход контролеров Лиги Наций, отправлялись в Германию. После прекращения военного сотрудничества с Германией, Саратовский завод комбайнов стал называться авиазаводом № 292.

Через несколько лет, в 1936 году, в небе Испании советские летчики на самолетах «Хейнкель HD-37» воевали с немецкими самолетами «Хейнкель Не.51», которые были очень похожи на «Хейнкель HD-37».

В истории сотрудничества советской авиационной промышленности с фирмой «Хейнкель» была попытка в 1929 году купить всю фирму «Хейнкель» целиком и перевезти ее для работы в СССР. Это предложение было заблокировано правительством Германии.

Двигатель «BMW-6» в Рыбинске

Одним из самых слабых мест советской промышленности было производство двигателей для самолетов и танков. Двигателей собственной конструкции в России не было.

В 1926 г. фирма «BMW» освоила в Германии серийный выпуск нового двигателя «BMW-6» мощностью 500 ЛС. В 1927 г. был подписан контракт на лицензионное производство авиадвигателей «BMW-6» в СССР.

Производство немецких двигателей было организовано на авиационном заводе № 26 в Рыбинске. Этот модернизировали для того, чтобы там можно было выпускать 500 моторов в год в мирное время и 1000 моторов в случае войны. Рыбинский завод стал самым большим моторостроительным заводом России. В освоении производства «BMW-6» в Рыбинске участвовали более ста немецких рабочих и инженеров.

Серийный выпуск «BMW-6», получившего в России обозначение «М-17», начался в 1930 г. Он находился в эксплуатации до 1943 г. Двигатель «М-17» стал самым массовым советским авиационным и танковым двигателем. Было изготовлено почти 30 тысяч двигателей. Из каждых четырех двигателей было три танковых и один авиационный двигатель.

Авиашкола в Липецке

Из-за запрета военной авиации в Германии, подготовка немецких летчиков проводилась на учебных самолетах. Это не позволяло полноценно готовить будущих военных пилотов и штурманов. Поэтому возникла идея создания секретной авиашколы в России, где немецкие пилоты могли бы совершенствовать свой опыт на новейших боевых самолетах.

В развитии военной авиации Россия значительно уступала Германии. Руководство Военно-воздушных сил (ВВС) было очень заинтересовано в организации немецкого авиационного центра в России. Это давало прекрасные возможности для изучения немецкого летного опыта и обучения советских летчиков на современных немецких боевых самолетах.

Авиашкола в Липецке была создана в 1925 г. Необходимое оборудование и 50 истребителей

«Фоккер D-XIII» были привезены из Германии. Эти истребители были в те годы наиболее совершенными и превосходили аналогичные английские и французские самолеты. Все расходы авиашколы оплачивал Рейхсвер.

Всё делалось в строгой секретности. Самолеты и оборудование для авиашколы перевозились как коммерческие грузы. Немецкие летчики приезжали в Россию как туристы, в гражданской одежде, с фальшивыми документами. В Липецке они ходили в гражданской одежде или носили советскую форму без знаков различия.

Немецкие курсанты в Липецкой авиашколе.

Руководителями авиашколы и летчиками-инструкторами были опытные немецкие пилоты. Курсантами также были опытные летчики, проходившие переподготовку, а также летчики гражданской авиации. После окончания школы присваивали воинские звания.

За время существования авиашколы, в ней было переподготовлено 270 немецких летчиков и штурманов. Среди преподавателей и выпускников Липецкой авиашколы были маршалы и генералы немецкой авиации. Вместе с ними, под руководством немецких инструкторов, прошло обучение более двухсот советских летчиков.

Начиная с 1928 годы в авиашколе начали испытывать новые военные самолеты, и авиашкола превратилась в «Центр испытаний немецких самолетов», в котором провели испытания 25 типов боевых самолетов. В 1933 г. все военные объекты Германии на территории Советского Союза были закрыты, и немецкие военные вернулись на родину. После закрытия авиашколы, все оборудование осталось в России. На базе авиашколы был создан авиационный центр испытаний боевых самолетов, который стал элитной военной частью ВВС России.

Существование авиашколы в Липецке было полезно и для России, и для Германии. Каждый смог подготовить более двухсот военных летчиков. Были проведены совместные испытания новых боевых самолетов и систем вооружения. Германии и России смогли значительно повысить свой военно-технический потенциал.

Танковая школа «КАМА» в Казани

В 1929 году в Казани была создана «Танковая школа «КАМА», в которой немецкие инструкторы обучали немецких и советских танкистов. Все оборудование, включая 10 учебных танков, было привезено из Германии. Директор школы был кадровым немецким офицером. Немецкие инструкторы обучали немецких и советских танкистов. Кроме обучения слушателей, в школе испытывались опытные образцы немецких танков. Все расходы по содержанию танковой школы оплачивались Германией.

Организация немецкой танковой школы имела огромное значение для Красной армии, у которой еще не было отечественных танков. Производство советского танка Т-18 началось только в 1929 году. Танковой промышленности была крайне важна информация о конструктивных особенностях и новейших технологиях немецкого танкостроения.

Изучение чертежей и испытания немецких танков позволили советской военной промышленности очень быстро использовать передовой немецкий опыт. Первые советские танки были основаны на проектных и технических решениях, использованных в немецких танках.

В танковой школе «КАМА» было подготовлено 30 немецких офицеров и 65 советских командиров танковых частей. В 1933 года немецкий персонал покинул школу. Вся боевая техника и вооружение были возвращены в Германию. Учебное оборудование осталось в России и на этой базе было создано Казанское танковое училище.

Химический полигон «Томка» в Шиханах

Самым секретным военным объектом Рейхсвера в России был химический полигон боевых отравляющих веществ в поселке Шиханы Саратовской области. Он получил название «Томка». Соглашение о создании этого полигона было подписано в 1926 году.

Начиная с 1926 года на этом полигоне немецкие военные проводили испытания отравляющих веществ в боевых условиях и осуществляли подготовку военных специалистов химической службы. На полигоне проводили боевые опыты с артиллерийскими стрельбами химическими боеприпасами, заражали почву отравляющими веществами, взрывали химические фугасы и химические авиабомбы, осуществляли дегазацию зараженных территорий.

Оборудование полигона, включая лабораторное оборудование, химические препараты и реактивы, четыре самолета, пять полевых пушек и автотехника, было привезено из Германии. На полигоне постоянно работало 25 немецких специалистов, включая военных химиков и летчиков. Кроме этого, из Германии прибывали немецкие офицеры для обучения техникой использования боевых отравляющих веществ. Вместе с немецкими офицерами обучение проходили советские офицеры. Командиром полигона был немецкий генерал.

Руководители Рейхсвера и Красной Армии очень высоко оценивали результаты деятельности этого полигона и поровну оплачивали расходы на его содержание. Этот полигон оказался самым успешным военным проектом между Германией и Россией. По инициативе Германии, совместные работы на этом полигоне были прекращены в 1933 году. Оборудование было передано советской стороне. (6)

Германия прекратила все военные проекты с Советским Союзом летом 1933 г. Через несколько месяцев после этого, как Германия заявила о выходе из «Версальского договора 1919 года» и создании полноценной армии.

Сотрудничество с Германией в области военной химии позволило создать в Советском Союзе химические войска, организовать научные исследования и испытания, наладить производство средств химического нападения и защиты. В СССР стали готовить военных химиков. А малоизвестный поселок «Шиханы» стали местом, где были разработаны боевые отравляющие вещества под названием «Новичок».

Глава 5
Концессия производства карандашей
(1926-1930)

Производство карандашей

В 1925 году нарком внешней торговли Леонид Красин сказал Хаммеру, что Россия ввозит очень много товаров из-за границы, которые можно изготавливать на месте. Он посоветовал Хаммеру заняться развитием промышленности в России. Хаммер обещал подумать и как можно быстрее дать ему свой ответ.

Пока был жив Ленин, у Хаммера была самая мощная поддержка. Он мог решить любой вопрос в кратчайшие сроки. После смерти Ленина в январе 1924 году у Хаммера уже не было могущественного покровителя. Из-за этого у него очень быстро забрали право быть внешнеторговым представителем России в США. Он потерял очень выгодные контракты. Что ему теперь делать? Собирать вещи и возвращаться в Америку? Или же искать новые проекты в России?

Хаммер серьезно думал над предложением Красина развивать промышленность в России, но не мог найти интересную идею. Вопрос решился случайно. Однажды он зашел в магазин канцтоваров чтобы купить химический карандаш. Продавец сказал, что такие карандаши являются большим дефицитом и их сейчас нет в продаже. Есть только графитовые карандаши по цене в пятьдесят копеек, что было равно двадцати шести центам. В Америке такой карандаш стоил бы три цента. Поняв, что Хаммер иностранец, продавец продал ему один химический карандаш за рубль. В долларовом эквиваленте это было пятьдесят два цента.

Хаммер навел справки и выяснил, что карандаши в Советском Союзе — огромный дефицит. Их делают в Германии. До войны в Москве работала карандашная фабрика, принадлежавшая немцам, но она давно закрылась. Её уже несколько лет собирались переоборудовать и расширить, превратив в государственную карандашную фабрику, однако к лету 1925 года дело не дошло дальше проектов.

Хаммер решил взяться за организацию производства карандашей в России. За три месяца он подготовил все необходимые документы. Это был рекордно-короткий для Советского Союза срок. Обычно на подготовку аналогичных документов требовалось два года. В сентябре 1925 года Хаммер заключил соглашение «О концессии на производство графитовых карандашей в Москве». Она получила название «А. Хаммер — Американская промышленная концессия».

Хаммер предложил внести залог — пятьдесят тысяч долларов наличными в качестве гарантии, что «Американская промышленная концессия» начнет производство карандашей в течение двенадцати месяцев после подписания контракта, и в первый же год работы изготовит карандашей на сумму в миллион долларов. Это было очень рискованное предложение. Так быстро в Москве фабрик не строили.

Поездка в Германию

В это время Хаммер ничего не знал о производстве карандашей. После подписания контракта он поехал для приобретения необходимых знаний в Германию. Центром немецкой карандашной промышленности был город Нюрнберг. В этом городе было несколько современных карандашных фабрик, принадлежавшими семье Фаберов.

Карандашные фабрики имели давние традиции. Владельцы бизнеса развивали производство таким образом, чтобы никто из подчиненных не знал больше, чем одну операцию. Рабочие получали работу по наследству от отца к сыну, и так несколько поколений. Все они были потомственными мастерами, в совершенстве знающими свое дело и не способными ни на что другое. Многие из этих мастеров тяготились узкой специализацией и готовы были поменять ее на более свободную жизнь.

Проведя неделю в Нюрнберге, Хаммер ничего и не узнал о секретах организации карандашного бизнеса. Но он начал понимать с какими большими трудностями ему придется иметь дело. Он хотел купить современное производство графитовых карандашей и понял, что это производство было коммерческой тайной, которую никто не продает. Если бы в тот момент он мог аннулировать концессию, полученную в Москве, то он бы с радостью это сделал.

Хаммер не привык отступать в сложных ситуациях, он привык действовать. Если промышленную технологию нельзя официально купить, то её можно получить другими способами. Кто владеет секретом этой технологии? Те, кто работают на немецких заводах в Нюрнберге, те кто делают эти карандаши каждый день.

Хаммер стал искать специалистов, знающих это производство. Как всегда, в сложной ситуации Хаммеру повезло. Он познакомился с инженером, который занимал высокий пост на карандашной фабрике в Нюрнберге. До войны, Джордж Байер руководил строительством карандашной фабрики в России. Война не позволила ему достроить фабрику, и он был арестован. После освобождения из тюрьмы он женился на русской девушке и после нескольких лет жизни в России вернулся домой в Германию.

Дома его считали предателем из-за того, что он участвовал в создании фабрики карандашей в России. С большим трудом он нашёл работу по специальности в Нюрнберге.

Для Хаммера он был бесценной находкой. Байер знал современную технологию изготовления карандашей и мог составить список необходимого оборудования. Переговоры Хаммера с Байером были очень простыми. Хаммер начал переговоры с предложения от которого невозможно было отказаться. Хаммер дал Байеру все, о чем тот мог только мечтать: высокую должность, интересную работу и большую зарплату. Что Хаммер получил взамен? То, о чем он мог только мечтать. Он получил специалиста, у которого были ответы на все технические и кадровые вопросы.

Сначала Хаммер нанял Байера на работу, а затем с его помощью он сумел набрать весь нужный штат сотрудников для завода в России. На это ушло четыре месяца. Хаммер предложил немецким рабочим сдельную оплату труда. Они получали большую зарплату и премиальные за каждый изготовленный карандаш. Их заработок в России был в несколько раз выше, чем зарплата в Германии.

Многие рабочие были с семьями, поэтому Хаммер обещал им отдельные дома, к которым они привыкли в Нюрнберге, школы для детей и все удобства немецкой жизни, которых, как они опасались, им будет не хватать в Москве.

Все это делалось в большом секрете. Паспорта для работников заказывали в Берлине. Визы в Россию делали в Финляндии. Одновременно с подбором персонала, Хаммер разместил заказы на необходимое оборудование в Германии.

Карандашная фабрика в Москве

Следующая трудность заключалась в том, чтобы найти в Москве подходящее место для фабрики. Хаммеру удалось найти заброшенный завод на окраине города на берегу Москва-реки. С большой территорией и свободной землей для жилых домов с садиками, школы и других зданий, которые были обещаны немецким рабочим. В здание фабрики осталось только стены без крыш и полов — это были почти развалины.

В течение недели Хаммер заключил арендный договор на десять лет (именно на такой срок была заключена концессия) и начал ремонт здания. На стройке работала тысяча строителей. За несколько месяцев все было закончено. В здании фабрики была установлена заказанная в Германии система парового отопления. К апрелю началась установка оборудования, купленного в Германии. Одновременно с этим были построены дома с садиками для немецких рабочих, школа, клуб, столовая и небольшая больница.

Установку оборудования для фабрики делали специалисты поставщиков. Каждая фирмы прислала своих специалистов. Через шесть месяцев после подписания контракта, карандашная фабрика вступила в строй, и были выпущены первые карандаши.

По условиям контракта Хаммер должен был начать производство в течение двенадцати месяцев. Он гарантировал выполнение этого обязательства залогом в пятьдесят тысяч долларов. К всеобщему удивлению, вся эта работа была завершена за шесть месяцев. Фабрика начала с работы в одну смену, затем перешла на двухсменную, а затем и трехсменную работу.

Хаммер сделал невозможное. За двенадцать месяцев после подписания контракта, он построил в Москве самый современный завод по производству графитовых карандашей и перевез сотни квалифицированных немецких рабочих из Германии. Никто до него, такого не делал.

Слишком хорошая работа это плохо

В первый год при плане выпуска продукции в один миллион долларов, выпуск составил два с половиной миллиона долларов. Во второй год он увеличился до четырех миллионов. В первый же год работы розничную цену карандашей была уменьшена в десять раз, с пятидесяти до пяти центов.

Число рабочих и служащих возросло с четырехсот пятидесяти до восьмисот, а средняя месячная зарплата — со 122 рублей до 154 рублей. Фабрика Хаммера не только полностью удовлетворяли спрос в России, но и экспортировала двадцать процентов продукции в Англию, Иран и Китай. Россия стала экспортером графитовых карандашей.

В 1961 году, во время первой встречи с Хаммером, Никита Хрущев сказал ему, что учился писать карандашами марки «Арманд Хаммер». То же самое потом говорили Хаммеру, советские лидеры Леонид Брежнева и Константин Черненко. В России трудно было найти более убедительную рекламу для американского бизнесмена.

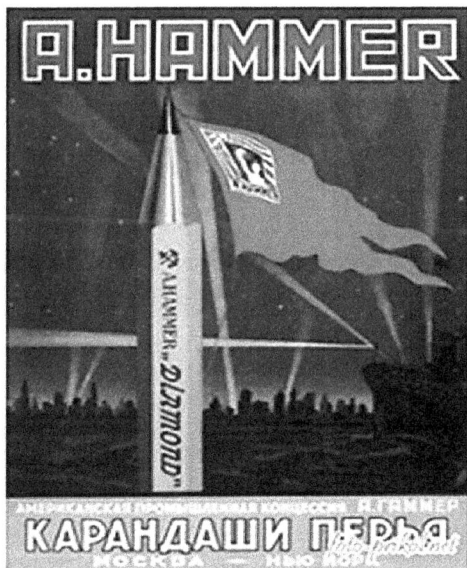

Реклама карандашной фабрики

Основной проблемой для изготовителя промышленной продукции в Советской России была организация бесперебойного производства. Всегда чего-то не хватало, то качественного сырья, то комплектующих, то квалифицированных рабочих. В этом было большое отличие России от Америки, где главной проблемой был сбыт продукции. В Советской России был настолько большой дефицит товаров, что любой товар по разумной цене немедленно продавался. На полках магазинов ничего не было. В Советской России все качественные товары продавались из-под полы по спекулятивным ценам.

Баланс за первый год работы концессии, опубликованный газетой «Экономическая жизнь», выглядел впечатляюще. При капитале 710 тысяч рублей была получена прибыль 3,4 млн рублей, из которых 1,8 млн ушли в казну, а 1,6 млн рублей получил Хаммер. Результаты деятельности концессии резко отличались от привычной советской практики. Это были очень хорошие результаты с точки зрения прибыли, полученной советским государством. И это была невероятно высокая прибыль для иностранного владельца концессии.

Советские чиновники считали, что у Хаммера слишком высокая прибыль. Газеты писали, что карандаши Хаммера заполонили весь рынок. Хотя они и дороже карандашей, выпускаемых в России, люди предпочитают покупать их как более качественные. Чтобы создать Хаммеру сложности, чиновники ввели высокие пошлины на американский кедр — сырье, используемое Хаммером. Пришлось искать замену в русских лесах.

После того, как газеты опубликовали финансовый отчет фабрики Хаммера, который показал, что прибыль за первый год составила миллион долларов, в центральной прессе стали появляться статьи о том, что у фабрики слишком высокие цены и что правительству нужно развивать собственную промышленность и не давать американцам так много зарабатывать в России.

Хаммер увеличивал производство карандашей и снижал их цены. Но прибыль фабрики оставалась высокой. В России не привыкли хорошо работать и не любили, когда кто-то много зарабатывал.

Нужно уходить пока еще не поздно

В 1929 году Хаммер понял, что становится слишком опасно и ему нужно сворачивать свои дела. В России уже почти не осталось иностранных концессий. Он был одним из последних. В 1925 году Сталин начал закрывать иностранные концессии. Для этого одних обвиняли в шпионаже, других просто ликвидировали. Число американских концессий в СССР стало уменьшаться в 1927 г. их было 9, в 1929 г. остались 4 концессии. В 1930 г. закрылась последняя американская концессия. Это была концессия Хаммера. Так получилось, что он первым из американцев пришел в Россию в 1921 году и последним ушел оттуда в 1930 году.

После трех лет успешной работы концессии, правительство России приняло решение досрочно выкупить концессию Хаммера. В результате длительных переговоров была установлена справедливая цена. Это был единственный случай, когда концессию в Советской России не конфисковали, а выкупили за достойную сумму.

Но вместо денег, Хаммеру дали облигации со сроком погашения шесть месяцев, двенадцать месяцев и два года. В это время Хаммеру были нужны деньги, и он продал российские облигации с большой скидкой. Одновременно с этим он придумал версию о том, что

Советская власть расплатилась с ним картинами и предметами искусства, а также разрешила вывести из России, принадлежащую ему коллекцию картин.

Хаммер вновь столкнулся с ситуацией, когда хороший бизнес в России быстро заканчивается. В первый раз, он наладил работу торгового представителя России в США. Проработал на этой позиции три года с 1922 по 1924 годы. Завязал нужные связи. Перевыполнил все свои обязательства. Получил хорошие результаты. И у него забрали этот бизнес. Ему посоветовали заняться организацией производства в России.

Хаммер последовал этому совету и в 1926 году организовал в Москве производство карандашей. Он скопировал самый современный технологический процесс из Германии. Купил современные станки в Европе. Привез немецких рабочих и инженеров. За шесть месяцев он запустил производство в Москве с нуля. Наладил выпуск высококачественной продукции. Полностью удовлетворил спрос отечественного рынка. Начал поставки продукции в Англию, Турцию и Китай. Стал получать высокую и стабильную прибыль.

У него была концессия сроком на десять лет. Впереди были семь лет работы по контракту и в 1929 году все неожиданно закончилось. Он стал не нужен. Теперь можно было работать без него. Хаммеру сказали, что договор о концессии расторгается. Вместо десяти лет концессия длилась только три года. В обоих случаях его удачные проекты длились по три года.

Уроки бизнеса в России: *Для Хаммера это был очередной урок бизнеса в России: «Все хорошее в России быстро заканчивается. Поэтому все важное нужно успеть сделать сегодня, завтра уже может быть поздно».*

При этом Хаммер еще хорошо отделался. Его производство выкупили по достаточно справедливой цене. У других все конфисковывали без компенсаций. Хаммеру дали возможность цивилизовано уйти с небольшой прибылью.

Большое значение для Хаммера имело полученное им разрешение вывести из России собранную им коллекцию предметов искусства. За вывоз коллекции Хаммер заплатил налог 15% от стоимости коллекции.

Почему Хаммеру позволили уйти из России с прибылью? *«Потому, что он обещал сохранить свою лояльность к Советской власти и продолжать выполнять её деликатные поручения». (5, 49)*

Что потом стало с карандашной фабрикой? В 1930 году она стала государственной собственностью и ее переименовали в фабрику им. Сакко и Ванцетти. Через тридцать лет, в 1961 году Хаммер был в Москве и посетил эту фабрику. В ней почти ничего не изменилось – тот же технический процесс и те же самые немецкие станки. Фабрика продолжала работать 60 лет и была ликвидирована в 1990 году. Территория, на которой она была расположена стала бесценной.

Глава 6
Торговля «конфискатом» в США (1930-1932)

«Сокровища Романовых»

Бизнес в России закончился, после восьми лет жизни в России, Хаммер вернулся в США в 1930 году. Он возвращался с новым многообещающим проектом. В 1929 году нарком внешней торговли Анастас Микоян предложил ему продавать в Америке предметы искусства и драгоценности из коллекции «Гохрана».

У этого предложения была интересная предыстория. Наркомат внешней торговли получил задание Сталина продавать предметы искусства. Сначала их пытались продавать через аукционы. Первый аукцион в 1927 году в Берлине закончился огромным скандалом: у большого числа предметов нашлись законные владельцы, которые обратились в суд в Берлине с требованием их возврата. На 61 экспонат был наложен арест, но после судебного разбирательства они были возвращены в СССР.

Второй аукцион в Берлине в 1928 году прошел более успешно – было продано много картин. Но общие результаты двух аукционов оказались отрицательными. Самые дорогие картины оказались непроданными, за них запросили слишком высокие цены и картины пришлось везти обратно. Организационные расходы съели выручку от продажи.

Затем последовал аукцион «Кристи» в Лондоне и аукцион в Вене, которые также не дали хороших результатов. Большинство экспонатов вернулись обратно. Центром аукционной продажи стал Берлин. Но чем больше предметов искусства отправляли в Берлин, тем больше возрастал долг перед организаторами аукционов. Чем больше были забиты склады, тем сильнее падали цены на предметы искусства. Все делалось непрофессионально.

В октябре 1929 года в США начался финансовый кризис, быстро охвативший весь мир. Многие коллекционеры разорились и перестали покупать предметы искусства. Наркомат внешней торговли оказался в сложной ситуации. Спрос на предметы искусства резко упал. Несколько попыток продать их на аукционах привели к финансовым потерям. Хранить предметы искусства за границей было дорого, на возвращение их обратно в СССР денег не было.

В этой, почти безвыходной, ситуации Микоян решил обратиться к своему старому деловому партнеру к Хаммеру и предложил ему продавать предметы искусства в США. Хаммер согласился. Он придумал для этого бизнеса прекрасную историю о том, что десять лет жизни в Советской России он занимался коллекционированием «сокровищ царской семьи Романовых». Теперь он решил продать эту уникальную коллекцию, которая называется «Сокровища Романовых».

На самом деле это был «конфискат» - произведения искусства, ювелирные изделия, церковная утварь, люстры, светильники и предметы быта, конфискованные у населения. Официально продавать этот «конфискат» от имени Советской России было опасно. Бывшие хозяева могли узнать свои вещи и обратиться в суд. Другое дело если антиквариат продает американский бизнесмен, купивший этот товар в России.

Разговоры о продаже предметов искусства начались еще в 1925 году, когда Микоян предложил Хаммеру продать сорок картин из коллекции «Эрмитажа». Он обещал за это 10% комиссионных. Пока шли переговоры о сумме вознаграждения, Микоян продал эти картины самостоятельно. Двадцать картин из коллекции «Эрмитажа», включая картину Рафаэля, купил министр финансов США Эндрю Меллон.

Самым крупным покупателем картин из коллекции «Эрмитажа» был Галуст Гюльбекян. Его семья была тесно связана с нефтью России. Отец был крупным покупателем керосина в царской России, а Галуст перепродавал российскую нефть как нефть, добытую в Ираке. В 1929 году Гюльбекян купил 50 картин из коллекции «Эрмитажа».

Хаммер договорился с Микояном о том, что он будет получать в Нью Йорке предметы искусства на условиях консигнации, продавать их под видом своей коллекции и после получения комиссии передавать выручку «АМТОРГУ» якобы за оплату дубовых бочек для хранения пива. (2, 127)

Торговля дубовыми бочками оказалась выгодным бизнесом. Хаммер покупал в России заготовки для дубовых бочек по цене 105 долларов за тысячу штук. В то время, когда рыночная цена этих заготовок была 180 долларов.

Почему Микоян решил продавать предметы искусства через Хаммера? Наркомат внешней торговли создал специальную фирму «Антиквариат» и пытался сам продавать предметы искусства на аукционах. Он не хотел действовать через посредников. Хаммер не был общепризнанным знатоком искусства и у него не было поддержки Сталина. Почему он оказался удобен для Микояна?

В пользу Хаммера сыграли три обстоятельства. Первое, они были хорошо знакомы. В России привыкли иметь дело с теми, кого хорошо знают. Второе, Хаммер гарантировал получение прибыли от продажи. Наркомат внешней торговли в течении двух лет продавал предметы искусства на аукционах в Европе и ничего не заработал. Более того, он оказался должен организаторам аукционов. Продажа предметов искусства была очень непростым бизнесом. Третья причина была в том, что Хаммер умел хранить язык за зубами. Он умел вести двойную бухгалтерию и скрывать то, что нельзя было никому показывать. Четвертая, главная причина была в том, что Хаммер доказал свое умение работать с наличными деньгами. Ему можно было доверять. Он знал меру. Делал все то, что ему поручали и не забывал при этом себя и интересы тех, кто давал ему выгодный бизнес. Действуя через него, Микоян мог быть спокоен за финансовые результаты.

Уроки бизнеса в России. *Для Хаммера это был еще один важный урок бизнеса в России: «В России имеют дело только с теми, кого хорошо знают и кому доверяют. Особенно в тех случаях, когда бизнес связан с наличными деньгами».*

Почему в России у Хаммера была репутация человека, которому можно было доверять? Потому, что он имел дело с деньгами спецслужб. За ним внимательно следили те, обманывать которых было смертельно опасно. Для того чтобы выжить в России, Хаммеру нужно было вести честный бизнес.

«Сокровища Романовых» начали поступать в США в 1931 году. Хаммер открыл в Нью-Йорке галерею под названием «Эрмитаж» и продавал в ней предметы искусства, присланные из России. В продаже были картины и скульптуры из настоящего Эрмитажа, петроградских и московских музеев.

Вместе с подлинниками присылали много поделок, сделанных в специальных мастерских Москвы и Петрограда. Там писались «старинные» иконы и делались копии известных картин. Особое место среди экспонатов Хаммера занимали «яйца Фаберже». Хаммер завладел фирменным клеймом Фаберже и ставил его на искусно изготовленные подделки. Картины и скульптуры, рисунки и драгоценности из музеев России стали регулярно поступать в США.

Четкость поставок и огромные количества предметов искусства говорили о том, что за этим проектом в России стояли очень влиятельные силы. Это был Микоян и ОГПУ. Они действовали по приказу Сталина.

Продавать предметы искусства через галереи было делом долгим, поэтому Хаммер начал устраивать аукционы по продаже предметов искусства в крупных магазинах. Хаммер договорился с ними о том, что выручка от продажи его товаров делится с ними пополам. Его коллекция с успехом продавалась в Сент-Луисе, Чикаго, Лос-Анжелесе, Сан-Франциско, Вашингтоне и Нью Йорке.

Это оказалось очень выгодным бизнесом, но он длился недолго. В 1931 году две сестры российского царя Николая II получили решение суда о запрете продажи царских драгоценностей в США.

В очередной раз Хаммер столкнулся с ситуацией, когда хороший бизнес с Россией быстро заканчивается. Он только раскрутил продажи «конфиската» под прикрытием «сокровищ Романовых» как они были запрещены в США. Хаммеру пришлось продавать предметы искусства без красивого прикрытия.

Привлекательность этого бизнеса была в том, что сложно было контролировать количество продаваемого товара и цены продаж. Хаммер получал конфискат из России и продавал его в США. Половину выручки он отдавал магазинам, в которых проходили аукционы. Большую часть оставшейся выручки

Хаммер передавал «АМТОРГУ», остаток составлял его прибыль.

В такой запутанной схеме было легко провести часть товаров без учета и взять себе выручку от их продажи. Это позволяло Хаммеру хорошо зарабатывать самому и делиться с Микояном. Не случайно, что после этого проекта они стали друзьями на долгие годы.

Под микроскопом ФБР

Директор ФБР Едгар Гувер

У Хаммер было много врагов, самым опасным среди которых был Эдгар Гувер. Он возглавлял ФБР с 1924 по 1972 годы и многие годы внимательно наблюдал за деятельностью Хаммера. Первые подозрения Гувера относительно Хаммера возникли в 1919 году при расследовании шпионской деятельности Мартенса в США, они усилились в 1921 году во время первой поездки Хаммера в Россию. Агенты ФБР в работающие в «Коминтерне» информировали о связях Хаммера с российскими спецслужбами.

Большие досье на Хаммера были у контрразведок Германии и Англии. В 1924-1925 годах они собрали много информации о встречах Хаммера с агентами советской разведки в Европе. В 1927 году английская полиция арестовала офис компании «АРКОС», которая была центром российской шпионской деятельности в Англии. Изъятые там документы четко показывали участие Хаммера в нелегальных операциях в Германии и Англии.

ФБР просматривала почту Хаммера, прослушивала его офис и контролировала его банковские операции. В файле Хаммера под номером №61-280 хранилось огромное количество информации. (2, 169)

Английская секретная служба в 1931 году передала информацию в США о том, что Арманд Хаммер, его жена Ольга Вадина и его брат Виктор Хаммер являются агентами советских спецслужб. (1, 79)

В 1948 году Хаммер участвовал в тендере на поставку химических материалов для армии США. Он дал самое лучшее предложение, но проиграл тендер из-за того, что армия не захотела иметь никаких дел с человеком у которого была репутация советского агента. Близкий к Хаммеру сенатор Бридж был другом директора ФБР, он встречался с Гувером и узнал, что ФБР характеризует Хаммера как советского агента в США и не рекомендует американским компания иметь с ним никаких дел.

Директор Гувер был удивлен тому, что сенатор Бридж поддерживает Хаммера. Он дал разрешение познакомить сенатора с основными обвинениями против Хаммера. С одной стороны, они выглядели очень убедительно. С другой стороны, это были события далекого прошлого и многих свидетелей этих событий уже не было в живых.

Сенатор предложил способ решения этой проблемы. Он посоветовал, чтобы ФБР провел официальный допрос Хаммера. В случае успешного результата, против Хаммера были бы сняты все обвинения. В случае неудачи, Хаммеру грозило бы официальное обвинение и тюремное заключение.

Такой допрос состоялся в марте 1952 года в Нью Йорке. Он длился четыре часа. По заключению агентов ФБР, Хаммер дал убедительные ответы на поставленные перед ним вопросы. В конце допроса Хаммер передал список людей готовых ходатайствовать за него перед ФБР. В этом списке были два судьи, сенатор Бридж, конгрессмены Альберт Гор и Келлер, председатель юридического комитета конгресса США, который контролировал деятельность ФБР.

Принимая решение по этому вопросу, Гувер понимал, что с одной стороны против Хаммера есть серьезные обвинения, большинство из них получены незаконными методами. Это события далекого прошлого и уже нет живых свидетелей. С другой стороны, у Хаммера была серьезная политическая поддержка в лице членов конгресса и сената. Гувер принял решение в пользу Хаммера. Это решение не было окончанием дела Хаммера в ФБР. Это была лишь пауза.

Важные события с делом Хаммера произошли через десять лет. В 1961 году на Запад бежал сотрудник отдела стратегического планирования КГБ Анатолий Голицын. Директор контрразведки ЦРУ Джеймс Энглтон назвал его «самым ценным перебежчиком, когда-либо бежавшим на Запад». Голицын раскрыл десятки агентов внешней разведки КГБ в Англии, Франции, Канаде и США, в том числе Кима Филби. Голицын дал сенсационную информацию о том, что премьер-министр Англии Гарольд Вильсон был информатором КГБ и о том, что КГБ провело операцию по отравлению Хью Гейтскелла, который был лидером Лейбористской партии для того, чтобы освободить дорогу Вильсона в премьер-министры Англии.

Одним из подробно описанных Голицыным агентов КГБ, завербованных в 1920-ые годы был американец под псевдонимом «Принц». Голицын не знал имени этого агента, но сообщил о нем много информации. В том числе, что этот человек был сыном американского миллионера, приехал в Россию во времена НЭПа, вернулся в США в начале 1930-ых годов. Оставил в России сына. Был законсервирован и восстановил свою активность в конце 1950-ых.

Следуя этому описанию, ЦРУ составило список возможных агентов КГБ. На первом месте в этом списке были А. Гарриман (сын миллионера, владелец концессии по добыче марганца в России, посол США в СССР в годы войны, губернатор штата Нью Йорк, помощник министра иностранных дел США). На втором месте в этом списке был Арманд Хаммер. (2, 212)

Всю свою жизнь Хаммер был между двух огней. Почти семьдесят лет за ним вело наблюдение ФБР. В 1924-1925 годах Хаммер был в постоянных разъездах в Европе. За ним следили контрразведки Англии, Франции, Германии и Латвии. По роду своей курьерской деятельности Хаммер встречался с сотнями агентов советской разведки в различных странах. И он ни разу не прокололся. Десятки двойных агентов и перебежчиков из Советского Союза давали информацию о всех, кого они знали. И никто не дал информацию на Хаммера.

Сотрудничество Хаммера с секретными службами выработали у него умение держать язык за зубами. На самом деле, Хаммер много и охотно говорил, но он умел хранить секреты бизнеса. Он понимал, что это вопрос его жизни или смерти.

Уроки бизнеса в России. *Важнейший урок бизнеса в России заключался в том, что: «В России очень важно уметь держать язык за зубами. От умения хранить секреты зависят возможности продолжения бизнеса. С теми, кто много болтают дел не имеют».*

В критический момент Хаммер сам предложил, чтобы ФБР провело его допрос. Он вызвал огонь на себя и вышел победителем. У ФБР не было сомнений в том, что Хаммер сотрудничает с советскими спецслужбами. ФБР было в этом уверено, но против Хаммера не было неопровержимых доказательств.

У Хаммера и в этот раз оказался очень высокий покровитель, который мог быть только богом или же Хаммер был двойным агентом. Все остальное не поддается логическому объяснению.

История отношений Хаммера с советскими спецслужбами имела удивительное продолжение. После смерти Хаммера в Америке снимался фильм о его жизни. Авторы сценария официально обратились в КГБ с просьбой познакомиться с его личным делом. Никто не верил в то, что это возможно. КГБ исключительно редко открывает свои архивы. Но в этот раз все было иначе.

Американская съёмочная группа приехала в Москву и стала договариваться о встрече с представителем КГБ. Встреча состоялась. С ними встретился генерал КГБ Александр Карбанианов. Во время встречи с съёмочной группой генерал держал в руках личное дело Хаммера. На толстой папке было написано «Агент влияния».

Во время встречи были обычные вопросы и ответы. Кто-то из съёмочной группы попросил подержать в руках личное дело Хаммера. Генерал, естественно, отказал в такой просьбе, а затем произошло невероятное, генерал КГБ предложил съемочной группе купить личное дело Хаммера для американского телевидения. Генерал не назвал цену продажу, но он сделал четкое предложение. Он сказал: *«Если вам интересно это дело, то вы можете его купить».* (5, 469)

Американцы были не готовы к такому повороту событий. Но сам по себе этот факт был невероятным.

Если бы на месте этих людей был Хаммер, то он бы заплатил за эту папку любые деньги.

Уроки бизнеса в России. *Это было прекрасным примером того, что: «В России всё продается и всё покупается. У каждого вопроса есть своя цена. То, что нельзя купить за деньги, можно купить за очень большие деньги».*

Глава 7
Конкуренты Хаммера

Шведские паровозы

В 1920-1923 годах из-за отсутствия торговых отношений с ведущими западными странами, Ленин осуществлял торговые операции, которые балансировали на грани закона. Одной из таких самых громких операций была покупка паровозов в Швеции. Эта история получила название «Паровозной аферы», во время которой была потрачена четвертая часть золотого запаса России.

Покупка паровозов была оформлена как «совершенно секретная». На многих документах стоял гриф «отпечатано в одном экземпляре», некоторые документы были написаны от руки и в связи с секретностью даже не перепечатывались.

Ситуация в России в 1920 г.

С первых дней своего существования Советская Россия объявила западные страны своими врагами.

Она заявила, что будет поддерживать свержение их правительств. Между Россией и ведущими западными странами (Англий, Францией, Германией и США) не было ни дипломатических, ни торговых отношений.

Для установления дипломатических и торговых отношений, западные страны требовали от Советской России выполнить два финансовых требования - признать ответственность за долги царской России и выплатить иностранным инвесторам компенсации за имущество, конфискованное у них в России. Советская Россия с этими требованиями не соглашалась. В этой ситуации Советская Россия не могла иметь счетов в иностранных банках, ее денежные средства могли быть конфискованы в счет погашения ее долгов.

В 1920 году многим казалось, что Советская власть в России будет свергнута. Слишком много сильных врагов у нее было в то время, слишком неустойчивой была военная ситуация. Неудивительно, что в такой ситуации Ленин разрабатывал запасные варианты действий в случае потери большевиками власти в России. Финансовой основой этих вариантов был вывод значительных сумм денег из России и создание финансовых запасов за границей.

Основная проблема была в том, что западные страны считали советское золото краденным и не принимали его к оплате. Появление советского золота в банках Англии, Франции, Германии или США могло привести к его немедленной конфискации. Нужно было не только тайно вывезти советское золото, но и надежно спрятать его в иностранных банках.

В Европе было несколько нейтральных стран, поддерживающих отношения с Россией. Одной из них была Швеция. Ленин принял решение использовать Швецию для легализации советского золота.

Почему была выбрана Швеция? В Швеции был очень сильный экономический кризис, ее промышленность была загружена на 25%. Огромный платежеспособный заказ из России был слишком соблазнительным, чтобы от него можно было отказаться. Перед революцией в России большевики часто использовали Швецию для своих нелегальных операций и чувствовали себя в Стокгольме очень уверенно.

Для легализации советского золота в Швеции нужно было иметь официальное прикрытие, какую-то крупную сделку со шведскими банками и шведскими компаниями. Таким прикрытием стала покупка паровозов.

Почему было решено покупать паровозы? Такой выбор был во-многом случайным. Вместо паровозов могли быть грузовики или морские суда. Не важно было, что покупать. Главное, чтобы это был большой контракт со шведскими компаниями. По каким-то соображениям были выбраны паровозы.

Наркомат путей сообщения

Руководство наркоматом путей сообщения (НПС) России после революции было проходным двором. В 1918 году на посту наркома сменилось пять министров: М.Т. Елизаров, В.М. Свердлов, А.Г. Рогов, П.А. Кобозев и В.И. Невский. Каждый из них находился в этой должности два-три месяца. Это были случайные люди, которые ничего не понимали в железнодорожном транспорте.

В марте 1919 года ситуация резко изменилась. На пост наркома был назначен Л.Б. Красин, который одновременно с этой должностью продолжал занимать значительно более важный пост наркома торговли и промышленности. После Красина должность наркома путей сообщения занимали Троцкий (март 1920 – декабрь 1920) и Дзержинский (апрель 1921 – февраль 1924).

Назначение в наркомат путей сообщения (НПС) таких «тяжеловесов» как Красин, Троцкий и Дзержинский говорило о том, что в это время там происходили очень важные события. Этим событием оказалась подготовка проекта «Постановления Совнаркома о закупке 1000 паровозов за границей» и закупка паровозов в Швеции в 1920-1923 годах.

Постановление Совнаркома о закупке паровозов

Проект «Постановления Совнаркома о закупке 1000 паровозов за границей» был подготовлен в НПС и с поправками В.И. Ленина утвержден Совнаркомом 16 марта 1920 года. В этом постановлении выделялось 300 млн рублей золотом (232 тонны золота) на покупку 1700 паровозов в Швеции. В мае 1920 года золотой запас России составлял 423 тонн золота и на покупку паровозов выделялось 55% золотого запаса страны.

Потребность России в паровозах в 1920 г.

В России было восемь паровозостроительных заводов. Самым мощным среди них был Луганский завод, расположенный на территории Украины. В 1912 году завод начал выпуск паровозов серии «Э» с пятью движущимися осями тапа (0-5-0). Этот тип паровоза был значительно совершеннее своих предшественников и стал основным грузовым паровозом в России. В 1912 году завод выпустил 31 паровоз, в 1919 году изготовил 4 паровоза.

Во время первой мировой войны производственные мощности паровозных заводов использовались для производства вооружений и практически прекратили выпуск паровозов. Недостаток выпуска отечественных паровозов компенсировали закупками паровозов в США.

В годы Советской власти выпуск паровозов уменьшился в двадцать раз. В 1920 году было изготовлено всего 52 паровоза, большая часть из которых была изготовлена на территории Украины, которая в эти годы находилась под оккупацией германских и польских войск.

В 1919-20 году положение на железных дорогах России стало катастрофическим. Железные дороги были на грани остановки. Осенью 1919 года перед руководителями страны выступил Ломоносов и заявил, что если не будут приняты радикальные меры, то в 1920 году железные дороги остановятся. Правительство приняло решение купить паровозы за границей.

Опыт закупки паровозов за границей

Решая вопрос о том, в какой стране выгоднее покупать паровозы, царское правительство России в 1915 году сделало свой выбор – паровозы выгоднее всего покупать в США. Причиной этого были следующие факторы:

- возможность изготавливать паровозы в США специально для России по чертежам российских конструкторов;
- большие мощности в Америке для выполнения заказов в короткие сроки;

- самая низкая цена. Паровозы в США, сделанные по российским чертежам, с доставкой во Владивосток были на 30% дешевле, чем паровозы, изготовленные в Германии.

«Железнодорожная миссия правительства России в США» (1915–1917)

В 1915 году в США начала работать «Железнодорожная миссия правительства России» которая заказана в США первую партия в 400 паровозов типа (1-5-0) «Декапод» серии «Е». Они были изготовлены и отправлены в Россию в 1916 году. После этого в конце 1916 года был размещен заказ на изготовление дополнительных 400 паровозов.

Паровоз серии «Е» изготовленный для России в США

Важной особенностью этих паровозов было то, что их изготовление осуществлялось по российским чертежам. Проектирование паровозов делали российские инженеры. Серия «Е» показывала, что паровозы были спроектированы и изготовлены в США специально для эксплуатации в России. Изготовление паровозов осуществлялось на трех разных заводах и поэтому детали паровозов не были взаимозаменяемыми.

В 1916 году в США были заказаны еще 300 паровозов, а в 1917 году еще 500 паровозов типа (1-5-0) серии «Е». Из-за прихода к власти большевиков в России в 1917, заказ на 500 паровозов был выполнен частично и в 1919 году в Россию было отправлено только 175 паровозов.

«Железнодорожная миссия временного правительства России в США» (июнь–ноябрь 1917)

Временное правительство России продолжило покупку паровозов в США. В апреле 1917 оно направило в США Ломоносова, как главного уполномоченного Министерства путей сообщений России.

В марте 1917 года Временное правительство разместило заказ на 1500 паровозов. Финансирование этого заказа осуществлялось за счет кредита в $145 млн долларов, выделенного правительством США. Руководителем работ по закупке паровозов в США был Ломоносов.

Для ускорения выполнения этого заказа в мае 1917 года во Владивосток приехала группа американских инженеров под руководством Джона Стивенса, в прошлом главного инженера проекта Панамского канала. Они превратили железнодорожную станцию Владивостока в центр сборки американских паровозов в России. В декабре 1917 года в этом центре работали 350 американских специалистов. Из-за революционных беспорядков американские специалисты вынуждены были прекратить работы и покинуть Россию.

В течении 1916-1919 годов в США для в России были изготовлены 1080 паровозов (1-5-0) серии «Е». Осенью 1919 года правительство США прекратило изготовление и продажу паровозов для Советской России и Ломоносов прекратил свою работу в США.

Выбор поставщика паровозов в 1920 г.

В каких странах Советская Россия могла бы купить паровозы? Самые большие мощности для производства паровозов были в Германии и в США. Европейские цены на паровозы были значительно более высокими, чем американские цены.

- Розничная цена паровоза (класса Декапод) в США в 1920-х составляла 110 тыс. долларов с налогами и доставкой. Она была эквивалентна 150 кг золота.
- Оптовая цена закупки паровозов в Европе была эквивалентна 200 кг золота за паровоз.

В то время, у Советской России не было возможностей покупать паровозы ни в Германии, ни в США. У России не было торговых отношений с этими странами. Советское золото, депонированное для оплаты паровозов в американских или немецких банках, могло быть конфисковано по требованию кредиторов России – правительств Англии, Франции и США.

Опасность конфискации советского золота объясняло странный выбор Швеции в качестве поставщика паровозов. По мнению специалистов, советское золото, депонированное в банке Швеции, было в безопасности от конфискации. Было принято решение покупать паровозы в Швеции.

15 мая 1920 года нарком для внешней торговли, Л. Б. Красин подписал в Швеции соглашение о поставке

1000 паровозов со шведским паровозным заводом «Нидквист и Хольм». Эта была небольшая компания, способная изготовить 40 паровозов в год.

Соглашение, заключенное Красиным, фактически было «протоколом о намерениях». Оно не содержало ни технических, ни финансовых деталей. За несколько недель до подписания этого соглашения, Красин занимал пост наркома НПС и готовил проект решения советского правительства о закупке паровозов.

В соглашении было указано, что Россия намерена купить 1000 шведских паровозов типа «R» по цене, равной себестоимости их изготовления. Л.Б. Красин и его технические советники отказались даже обсуждать возможность изготовления в Швеции паровозов, выполненных по российским чертежам, так как это делалось на американских заводах. Красин заказал шведские паровозы типа «R», которые никогда не применялись и не испытывались в России.

После заключения этого соглашения в Швецию направили Ломоносова, который был самым известным советским специалистом по паровозам. Он должен был заключить подробный договор со шведским паровозным заводом и взять в свои руки его реализацию. В качестве своего первого заместителя, отвечающего за финансовые и юридические вопросы, Ломоносов, по рекомендации Красина, пригласил М.Я. Ларсонса.

Заказ Советского правительства одной тысячи новых паровозов и необходимых для их работы материалов был самым большим промышленным заказом тех лет и намного превосходил любые другие заказы того времени.

В августе 1920 года Ломоносов приехал в Берлин для проведения переговоров с немецкими паровозными заводами о поставке паровозов для советской России. В Германии этот заказ вызвал огромный интерес. Паровозная промышленность Германии в то время не имела заказов и немецкие заводы хотели получить часть этого заказа.

Изготовление советского заказа было разделено на две части: 200 паровозов в Швеции и 800 паровозов в Германии. Изготовлением советского заказа в Швеции были заняты 69 шведских компаний. Вся Швеция жила этим заказом. Изготовлением паровозов в Германии было занято 19 паровозных заводов.

Самая большая проблема была связана с финансированием. Советская Россия в то время находилась в экономической и дипломатической изоляции. Она не могла получить кредиты и вынуждена была оплачивать покупку паровозов наличными. Единственным средством платежа было золото в слитках. Ввоз советского золота в Англию, Францию или Соединенные Штаты был в то время был запрещен. Советское золото могло быть конфисковано при попытке оплаты заказа паровозов в Германии.

Нужно было найти вариант, при котором советское золото, доставленное в Европу, было бы в безопасности. В качестве такой страны выбрали Швецию. Ларсонс должен был получить принципиальное согласие Красина на осуществление этого плана. Красин не верил, что это может быть осуществлено, но не возражал против того, чтобы о таком соглашении начали переговоры в Стокгольме.

Эти переговоры принесли желанный результат. В октябре 1920 года Ломоносов заключил со шведским паровозным заводом договор на поставку тысячи паровозов, из которых 800 паровозов должны были быть изготовлены в Германии. Финансирование заказа осуществлял шведский банк, который оплачивал заказы в Германии под обеспечение депонированного у него советского золота.

Этот договор был утвержден советом народных комиссаров в Москве. Тем же решением была создана «Железнодорожная Миссия России» в Швеции, Руководителем которой был назначен Ломоносов. Он получил очень большие полномочия и ранг наркома. Первым заместителем по юридическим и финансовым вопросам был назначен Ларсонс.

Золото, необходимое для оплаты начала работ по договору, прибыло в Ревель, Эстонию и должно было быть передано в Стокгольм. Но нарком торговли Красин заявил протест против этого договора. По мнению наркома торговли Красина паровозы, заказанные в Германии, никогда не будут переданы советской России из-за того, что французское правительство на основе Версальского договора добьется того, чтобы конфисковать паровозы, изготовленные в Германии и золото, депонированное в Швеции.

Ломоносов попал в сложную ситуацию. С одной стороны, он заключил договор на основании выданных ему полномочий и утвердил его решением правительства, с другой стороны, он встретил неожиданное противодействие в лице Красина, который отказался одобрить этот договор и задержал отправку золота из Эстонии в Стокгольм.

Для того, что снять возражения Красина было очень мало времени, меньше двадцати дней. Шведская сторона должна была получить утвержденный договор до 18 декабря 1920 года. В противном случае договор терял свою юридическую силу.

Для того, чтобы убедить Красина снять свои возражения, на встречу с ним в Лондон отправился Ларсонс.

Встреча состоялась 14 декабря 1920 года. Красин сразу заявил свою позицию. Он сказал: «За такой договор Вас и Ломоносова следовало бы расстрелять». На, что Ларсонс ответил: «Хорошо, что вы говорите это в Лондоне, а не в Москве. Прежде всего выслушайте меня, для расстрела у Вас еще хватит времени.» (7, 29)

После этого они в течении трех часов подробно рассмотрели все пункты договора. Красину было известно, что Англия и Франция через своих послов в Стокгольме выступили перед шведским правительством резко против заключения договора, дающего немецкой промышленности заказ в 800 паровозов. Тем не менее правительство Швеции приняло решение подписать этот договор.

После обсуждения текста договора, Красин сказал, что он согласен с его подписанием, но отказался дать письменное подтверждение. Он взял время подумать до 16 декабря. В назначенный день, Красин предложил Ларсонсу возвращаться в Стокгольм и обещал прислать свое согласие телеграммой на имя Ломоносова. Ларсонс отказался уходить без письменного ответа.

Красин отложил решение вопроса до вечера. Только поздним вечером Ларсонс получил в свои руки письменное согласие наркома торговли. У него были одни сутки для того, чтобы доставить этот документ в Шведский банк. Договор о покупке паровозов таким образом вступил в силу.

На прощанье, Ларсонс спросил Красина: «А как же с расстрелом?»

Красин ответил: «Оставьте этот вздор.»

«К несчастью, это не вздор. Если бы наш разговор состоялся в Москве, то дело могло бы действительно закончиться расстрелом». (8, 30)

«Российская Железнодорожная миссия за границей» (Учреждена снк 17 июня 1920 года – ликвидирована 1 апреля 1923 года)

17 июня 1920 года решением Совнаркома была учреждена «Российская железнодорожная миссия за границей». Ее руководителем был назначен Ломоносов. Специальным мандатом Ленина ему были даны все права Народного комиссара, в том числе - окончательного разрешения вопросов на месте. Во всех делах Ломоносов был подотчетен только председателю Совнаркома – Ленину.

Ю. В. Ломоносов

Одним из главных участников закупок паровозов оказался Ломоносов. Он был авторитетным специалистом в железнодорожном транспорте, получил прекрасное образование, работал на Харьковском паровозостроительном заводе, был профессором Киевского политехнического института, занимал руководящие должности на железной дороге и в 1917 году стал заместителем министра железных дорог России.

В апреле 1917 года Временное правительство России направило Ломоносова в США для закупки паровозов и железнодорожного оборудования. В январе 1919 года, после прекращения работы миссии Временного правительства, Ломоносов остался в Нью-Йорке и стал техническим советником Мартенса, который закупал для Советской России оборудование в США.

Неудивительно, что представители американских фирм «АЛКО» и «Балдвин» через Ломоносова и

Мартенса предложили советскому правительству возобновить контракт на покупку паровозов и поставить 200 паровозов «Декапод» с отсрочкой оплаты на три года. Эта идея не была реализована из-за запрета правительства США. Когда были устранены политические препятствия, Россия уже потеряла интерес к заказу американских паровозов. В сентябре 1919 года Ломоносов вернулся в Москву.

В октябре 1919 года Красин представил его Ленину. Красин предложил Ломоносову должность заместителя наркома путей сообщения. При прямой поддержке Ленина, Ломоносов пытался восстановить железные дороги: ускорить ремонт паровозов, привлечь квалифицированные кадры. Из попыток восстановления ничего не получилось. Было принято решение не чинить старую технику, а купить новую технику.

Контракт на покупку паровозов (утвержден снк 28 октября 1920 года – перезаключен 28 июля 1922 года)

Первый контракт на покупку паровозов в Швеции с Северным Торговым банком Швеции и шведской компанией «Нидквист и Хольм» был заключен 21 октября 1920 года. От имени Центросоюза контракт подписал Ломоносов.

Контракт с Северным Торговым банком Швеции и шведской компанией «Нидквист и Хольм» на сумму 77 млн золотых рублей (60 тонн золота) о покупке 100 паровозов в Швеции и выдаче гарантии платежей по заказу 100 паровозов в Германии был утвержден СНК 28 октября 1920 года. Этот контракт был перезаключен 28 июля 1922 года и объем закупки паровозов в Швеции был уменьшен с 1000 до 500 паровозов.

В 1921 году Северный Торговый банк Швеции принял советское золото к оплате. По поводу огромного значения этой сделки Дзержинский написал следующее: «Это был первый договор, в который было втянуто шведское правительство. Договор был сделан с согласия шведского государственного совета под председательством короля. С этого момента советское золото перестало носить марку украденного золота». После депонирования советского золота в шведском банке оно перестало быть нелегальным.

Изготовление и приемка паровозов

Ответственность за покупку паровозов в Швеции и Германии была возложена на Ломоносова. Он стал руководителем Российской железнодорожной миссии. У него были очень широкие полномочия, и он подчинялся только Ленину. Ломоносов был против закупки шведского типа паровозов. Он обсуждал этот вопрос с комиссией под руководством Троцкого и получил от Троцкого полномочия аннулировать заказ паровозов «R».

Ломоносов был специалистом высочайшего уровня и прекрасным организатором. У него был тяжелый характер и много высокопоставленных врагов. Ломоносов сумел изменить невыгодные для России условия поставки паровозов, согласованные Красиным. Во-первых, он убедить шведов изготавливать русские паровозы, по чертежам выполненным российскими инженерами. Во-вторых, он стоимость паровозов. В соглашении Красина был пункт о том, что покупка тысячи паровозов осуществляется Россией по себестоимости их производства. Вместо этого, Ломоносов сумел договориться о покупке паровозов по более низким ценам.

Такие действия вызвали ревность Красина, он начинал этот проект как «крестный отец» и пригласил участвовать в нем Ломоносова и Ларсонса. После первых же самостоятельных действий Ломоносова, Красин стал явным врагом этого проекта и выступал против него. Не смотря на возражения Красина, 21 октября 1920 года Совнарком утвердил договор о производстве в Швеции паровозов серии «Э».

Команда Ломоносова работала как хорошо отлаженный механизм. Немногочисленный штат высококвалифицированных и высокооплачиваемых сотрудников в центральной конторе и в 15 филиалах в Европе без традиционной волокиты производил закупки, принимал продукцию и организовывал их перевозку в СССР. Ломоносов говорил: *«мы можем покупать там, где дешевле, а покупать все – от иголки до паровоза».*

Такой успех являлся следствием независимости миссии от отечественных бюрократов, умелого подбора талантливых сотрудников и разработанной Ломоносовым схемы управления. Обязанности и ответственность каждого были четко установлены. Выдача заказов на изготовление продукции была отделена от приемки.

Изготовление паровозов серии «Э»

Все паровозы, заказанные в Швеции, были изготовлены на заводе «Нидквист и Хольм». До размещения русского заказа этот завод был маломощным. Кредит русского золота и усилия инженеров Ломоносова позволили произвести реконструкцию завода. Были построены сборочный, механический и литейный цехи. Численность рабочих возросла с 800 до 2400 человек. Первый паровоз для России (Эш 4000) выпустили 15 августа 1921 года, последний (Эш 4499)– 15 декабря 1924 года. Всего в Швеции было изготовлено 500 паровозов.

Паровоз серии «Эш» изготовленный для России в Швеции

В Германии заказ на 700 паровозов был разделен между 19 заводами. Первый паровоз (Эг 5023) был выпущен 30 июля 1921 года на заводе «Геншель», последний – (Эг 5723) был изготовлен 14 марта 1923 года на заводе «Вольф» (5)

Взаимозаменяемость деталей паровоза серии «Э»

Все паровозы, изготовленные на 19 немецких и одном шведском заводах, были однотипными. Главным требованием было обеспечение взаимозаменяемости узлов и деталей всех паровозов. Впервые в мировой практике паровозостроения все паровозы изготовлялись по единым шаблонам. Детали обрабатывались с применением единой системы допусков и посадок и проверялись калибрами. Для проверки точности изготовления на немецком заводе «Борзиг» был собран паровоз из деталей и узлов, изготовленных на всех заводах. Проверка проводилась следующим образом. Проходя по заводу, представитель Ломоносова из кучи готовых деталей выбирал одну и отправлял ее на испытания. Ее упаковывали, ящик опломбировали и посылали на завод «Борзиг». Взамен изъятой высылалась аналогичная деталь, изготовленная на заводе «Борзиг».

Набор деталей для опытного паровоза оказался совершенно случайным: рама с одного завода, котел – с другого и т.п. Сборка показала, что точность изготовления деталей оказалось вполне удовлетворительной.

Что показали годы эксплуатации этих паровозов. Даже после многолетней эксплуатации советские машинисты отмечали высокое качество шведских и немецких паровозов: детали были обработаны точнее, металл лучше, отделка тщательнее.

Транспортировка и приемка паровозов

В ноябре 1922 Крылов был назначен начальником морского отдела «Российской железнодорожной миссии» и стал руководителем перевозок паровозов в Россию. Для перевозки паровозов в Россию нужны были специальные паромы и причалы в портах отправления и прибытия этих паромов. Все это стоило очень дорого. Другой вариант перевозить паровозы в разобранном виде. В этом случае утрачивалась заводская гарантия изготовителя и необходима была дорогостоящая разборка и сборка паровозов.

Ломоносов предложил другое техническое решение – перевозить паровозы в трюмах судов, опуская их в туда с помощью крана. Эта идея казалась нелепой. Советские и иностранные специалисты по перевозкам возражали. Главный аргумент был, что так никто не делал. Другое возражение заключалось в том, что из-за внутренних переборок в трюмах в корабль нельзя всунуть больше, чем 4–5 паровозов, а в разобранном виде на том же корабле можно перевезти 50 паровозов, поэтому этот способ будет очень дорогим. При погрузке паровозов на палубу суда будут опрокидываться при волнении.

Только один человек серьезно отнесся к этой идее и сумел реализовать ее на практике. Это был выдающийся советский специалист по судостроению, царский генерал и академик А.Н. Крылов. Он сумел с минимальными затратами переделать трюмы кораблей, разработать схему погрузки и крепления и вместить в один пароход 20 паровозов.

До Крылова судна для перевозки паровозов фрахтовались, Крылов предложил купить нужные суда, а после завершения перевозок продать их. Он сделал подробный доклад Ломоносову и получил от него разрешение: «Покупайте пароходы водоизмещением 7500-8000 тонн дедвейт».

Для выбора судов Крылов поехал в Лондон. Там он нашел два подходящих парохода: «Маскинонж» и «Мендипрендж» и договорился о цене их покупке. В течение нескольких недель они были куплены за 50 тысяч и 52 тысячи фунтов. (9, 139).

Без длительных совещаний, без участия многочисленных помощников и без посредников были быстро, профессионально и эффективно решены сложные вопросы организации морской перевозки.

Сложная транспортная задача возникла при перевозке паровозов из Швеции через шлюзы реки Гёта. Правилами судоходства по Гётскому каналу ширина парохода ограничивалась 12,0 м, в этом случае на пароход можно было загрузить 8 паровозов. При ширине шлюза в 13,5 м у парохода оставался зазор в 1,50 м, т. е. по 75 см с каждого борта. Крылов предложил везти паровозы на судне с шириной в 13,0 метров, оставляя зазоры в 25 см с каждого борта. На такое судно можно было загрузить 11 паровозов. Администрация канала была категорически против. Шведы считали это невозможным. Они потребовали письменного разрешения своего министерства.

Переговоры с администрацией Гётского канала вел Крылов. Сначала он заручился поддержкой правительства Швеции. Заказ на изготовление паровозов стоимостью в 125 тонн золота открывал любые двери. Через три дня разрешение от шведского министра было получено.

После этого Крылов поехал в Лондон покупать подходящий пароход. Он спросил Ломоносова: *Какими полномочиями он обладает?* Ответ: *«Любые полномочия, включая покупку судна. Если для пользы дела вы превысите полномочия, то я вас похвалю, а если вы провалите мое задание, то отругаю.»* Крылов нашел подходящий пароход в Бордо, Франция и купил «Нибинг» за 21 тысячу фунтов, ширина судна составляла 12,8 метра.

Не смотря на объективные трудности перевозки паровозов были завершены в заданные сроки с большой экономией бюджета.

Результат

Годовой выпуск паровозов «Э» в России был 50-80 штук. Поставка за три года 1200 высококачественных паровозов оживила железные дороги России и помогла выйти из кризиса. Общее количество паровозов «Э» увеличилось с 1,5 до 2,7 тысячи. Удельный вес паровозов серии «Э» на основных железных дорогах существенно повысился.

Железнодорожная миссия России сумела сделать невозможное. Она организовала массовое производство высококачественных взаимозаменяемых паровозов по русским чертежам на двадцати различных заграничных заводах и перевезла их в Россию. В связи с тем, что в Германии было размещено много заказов, центральный офис миссии переехал в Берлин.

Ломоносов подчинялся напрямую Ленину и имел неограниченные полномочия. Беспартийный специалист исходил из интересов дела и не подчинялся комиссарам. Он решал поставленную перед ним задачу так как считал нужным. Он выбирал поставщиков, вел деловые переговоры, заключал контракты, платил по взятым на себя обязательствам. У него был утвержденный бюджет, и он распоряжался огромными суммами денег.

Завистники были уверены, что он ворует. За каждым его шагом следили многочисленные агенты Дзержинского. Его проверяли бесчисленные комиссии. Единственная слабость Ломоносова заключалась в том, что он был барином - любил красиво одеваться, вкусно есть и пить. Но он не воровал. Наоборот, он умело вел бизнес и избегал ненужных расходов.

Чем лучше шли дела с покупкой паровозов, тем больше у Ломоносова становилось врагов. Успешная работа миссии была явным упреком наркому Красину, полпреду в Германии Н.Н. Крестинскому и полпреду в Швеции П.М. Керженцеву. Они писали в Москву доносы и плели интриги. Почему они это делали?

Потому, что хотели участвовать в закупках оборудования. Мимо них шли большие заказы и большие деньги. Им не нужны были примеры того, как в Германии и в Швеции кто-то успешно закупает оборудование без их участия.

Активным критиком Ломоносова был Дзержинский. Десятки его секретных агентов работали в составе «Российской железнодорожной миссии за границей». Они следили за каждым шагом беспартийных руководителей миссии. Писали отчеты о каждом потраченном рубле. Контролеры Дзержинского регулярно проверяли хозяйственную деятельность миссии и ни разу не нашли серьезных нарушений. Если ли обнаружились финансовые злоупотребления, то Ломоносова немедленно бы вывезли на родину и расстреляли.

На Ломоносова жаловались Ленину всесильные Дзержинский и Троцкий. Своими силами они с ним справиться не могли. Лучшего комплимента трудно придумать для беспартийного специалиста, который был царским генералом и заместителем министра в царской России. Во всех этих случаях Ленин принимал сторону Ломоносова и защищал его от претензий высших руководителей советской власти. Такая бескомпромиссная позиция Ломоносова вызывала бесспорное уважение его коллег.

В случае с Ломоносовым, Ленин сделал три важных исключения из своих правил расстановки кадров. Первое, он назначил Ломоносова руководителем с неограниченными полномочиями. Второе, он не приставил к нему комиссара, который бы имел право согласовывать все решения и мешал бы ему работать. Третье, он дал Ломоносову право распоряжаться огромными деньгами.

Обычно, в те годы, на посты первых руководителей назначались исключительно партийные кадры, которые ничего не понимали в содержании своей работы. Таким руководителям были подчинены беспартийные специалисты, которые обладали специальными знаниями и опытом. Именно они готовили профессиональные решения. Кроме того, рядом со специалистами всегда находились многочисленные агенты ГПУ, которые внимательно следили за всем происходящем и сигнализировали о любых происшествиях.

Ленин дал Ломоносову столько власти, сколько не давал никому другому. То, что беспартийный специалист получил полномочия наркома было очень редким случаем. Вторым таким примером был нарком химической промышленности В.Н. Ипатьев, который также был царским генералом и занимал должность министра в царском правительстве. Но рядом с Ипатьевым всегда был комиссар, который контролировал все его действия, и он не имел таких огромных финансовых возможностей.

За три с половиной года Ломоносов изготовил и поставил в Россию 1200 паровозов, а также турбины, котлы, вагоны и рельсы. 31 октября 1922 года миссия была ликвидирована. Ломоносов остался в Германии и занялся созданием тепловозов. В 1924 г. он завершил разработку первого советского тепловоза. Испытания тепловоза проходили в Германии. После успешных испытаний тепловоза в России в 1925 году, Ломоносов был командирован для изучения зарубежных тепловозов в Италию и Германию

В 1924-1925 гг. он вместе с семьей жил и работал в Берлине. В 1926 г., несмотря на все заслуги и большой авторитет его как конструктора первого советского тепловоза, отношение к нему в Москве изменилось в худшую сторону. У него было очень много врагов и его уже не мог защищать Ленин. После смерти Ленина, у него уже больше не было партийной поддержки и ему было уже небезопасно возвращаться в СССР. В 1927 году Ломоносов принял решение остаться в Германии. Он не имел постоянной работы, и первые годы жил в Англии, а потом переехал в США. Он зарабатывал на жизнь преподаванием и явно нуждался в средствах. Ломоносов умер в США в 1952 году.

Покупка паровозов в Швеции была технически обоснована и экономически целесообразна. Промышленность России была не способна самостоятельно решить эту сложную задачу в короткие сроки.

Деятельность «Железнодорожной миссии России» заслуживает самой высокой оценки. Было обеспечено высокое качество изготовления паровозов. Заказ был выполнен в кратчайшие сроки с экономией бюджета расходов. Тщательные проверки ГПУ не обнаружили серьезных нарушений. Золото России было потрачено в точном соответствии с поставленной задачей. К «паровозной афере» эта деятельность не имеет никакого отношения.

Американский линкор для Сталина

Пока был жив Ленин у Хаммера не было достойных конкурентов. После смерти Ленина конкуренты должны были появиться. Это было дело времени.

Самой успешной попыткой конкуренции была история с покупкой американского линкора. Героем этой истории был американец Сэм Карп. Все началось в 1934 году, когда Полина Жемчужина, приезжала в США для знакомства с американскими фирмами. Она была женой Председателя правительства СССР Вячеслава Молотова. Во время этой поездки она встретилась со своим родным братом, Самуилом Карповским, который жил в США под именем Сэм Карп.

После этой встречи, Сэм Карп приехал в СССР, где он встретился с Молотовым и был завербован ОГПУ. Его фирма «Carp Export and Import» стала заниматься покупкой образцов военной техники в США. Карп сумел купить первые варианты радаров, после того как «АМТОРГ» не смог этого сделать. Он провел несколько успешных сделок, после которых, нарком внешней торговли Аркадий Розенгольц провел через Политбюро решение о том, что фирма «Карп» получает такие же широкие полномочия как «АМТОРГ».

Состояние вопроса

В начале 30-х годов началась гонка морских вооружений, главную роль в которой играли линкоры — ударные корабли с очень мощной артиллерией. Её лидерами были американцы. Они построили шесть новых линкоров с самым мощным вооружением и бронированием.

Англия начала строить сразу пять линкоров. Два новых линкора Японии должны были стать самыми большими в мире кораблями с самым мощным в мире бронированием. Франция построила четыре линкора. Италия начала строить сразу четыре линкора. Самой скромной была программа перевооружения Германии, где было заложено всего два линкора.

В составе военно-морских сил Советского Союза не было ни одного современного линкора. Корабельные верфи Советского Союза были не способны построить такой корабль. Поэтому решили купить линкоры в США. В ноябре 1936 года глава правительства Молотов заявил: «У Советского Союза должен быть достойный военный флот». Была утверждена программа перевооружения флота. Она предусматривала строительство восьми линкоров в течении восьми лет.

В решении этого вопроса принимал активное участие Сталин. В мае 1936 года он написал личное письмо послу СССР в США Александру Трояновскому. Он поручил ему делать все необходимое для решения этого вопроса. В конце письма Сталин от руки написал *Прошу сделать это лично для меня. И. Сталин».* (10, 32)

Решением этого вопроса активно занимался Председатель правительства СССР Молотов. Советский Союз пытался убедить США построить для него боевые корабли или же продать проектную документацию для их постройки в Советском Союзе. По его поручению «АМТОРГ» обратился к компании «Bethlehem Steel» с просьбой продать им новый линкор «Южная Дакота» и получил однозначный отказ.

Соединенные Штаты отказались продавать свои современные военно-морские технологии. Против сделки с линкорами выступил Государственный департамент США и министр военно-морских сил Клод Суансон. Официальные попытки решения этого вопроса не принесли положительных результатов.

В течение 1939-1942 годов в США было построено четыре американских линкора этой серии «Южная Дакота», «Индиана», «Массачусетс» и «Алабама». Они принимали активное участие во Второй Мировой Войне и считались сильнейшими кораблями с самым мощным зенитным вооружением.

Линкор «Южная Дакота»

После этого Молотов решил действовать неофициально и в 1936 году поручил Карпу заниматься покупкой новейшего американского линкора. Карп взялся за решение этой сложнейшей задачи. Он пообещал договориться с американским правительством о покупке чертежей новейших линкоров. Если бы ему это удалось, то он бы стал основным посредником между рынками Советского Союза и США.

Почему эту задачу не смог решить «АМТОРГ»? Потому, что «АМТОРГ» был хорош там, где нужно было сделать что-то нелегальное: вывезти новые американские танки под видом тракторов или оформить военные самолеты как гражданские самолеты. С военными линкорами такой трюк не годился. Линкор, нельзя было замаскировать под гражданское судно. В тот момент линкоры считались самыми совершенными и практически непобедимыми военными кораблями. О их покупке нужно было договариваться с правительством США. Это было не по плечу для «АМТОРГА».

Карп завязал знакомства с несколькими высокопоставленными чиновниками Морского министерства и получил разрешение Морского министерства для ведущей американской фирмы «Gibbs & Cox» разработать для Советского Союза чертежи линейных кораблей.

Через адмирала Кинга, бывшего командующего морской пехотой, Карп вышел на полковника Джеймса Рузвельта, сына президента США. Джеймс согласился поговорить с отцом, и передал Карпу ответ Рузвельта-старшего. США согласны продать Советскому Союзу линкор серии «Южная Дакота» со всеми чертежами с условием, что этот линкор должен быть построен в США на верфи частных подрядчиков, на которую укажет Морское министерство. Это было связано с тем, что все государственные верфи были заняты заказами Морского министерства США, и Рузвельт на случай войны хотел подготовить частных подрядчиков к постройке кораблей для военно-морского флота США.

500 тысяч долларов для решения вопросов

Решение вопроса продвигалось очень медленно. Казалось, что уже нет шансов на успех. В мае 1937 года

Карп сообщил, что разрешение американского правительства на продажу проекта линейного корабля с 16-дюймовым вооружением и центром управления артиллерийского огня уже имеется. Для того чтобы он получил это разрешение, ему нужно 500 тысяч долларов для оплаты услуг консультантов. (11)

Вопрос выделения денег обсуждался на заседании Политбюро с участием Сталина и было принято решение о выделении денег. Убедительным доводом в пользу выдачи денег стала информация о том, кому они предназначаются. Среди консультантов были имена нескольких адмиралов из Морского министерства. Самая большая сумма предназначалась сыну президента США Джеймсу Рузвельту, от которого деньги могли попасть в руки президента Рузвельта.

Дипломатическими путями деньги были доставлены в США. В небольшом портфеле посла Советского Союза Александра Трояновского лежали пять пачек по сто тысячедолларовых купюр. В марте 1937 года в Атлантик-Сити состоялась встреча Трояновского и Карпа со старшим сыном Президента США, полковником морской пехоты Джеймсом Рузвельтом.

При передаче денег Трояновский очень волновался. Он спросил полковника: «Есть ли гарантии?» Полковник усмехнулся: «Какие могут быть гарантии. Следите за сообщениями газет».

После встречи с сыном президента все сразу изменилось. Сначала снял свои возражения Государственный департамент, потом с продажей линкоров согласился министр военно-морских сил Клод Суансон, но даже после его согласия высшие офицеры министерства военно-морских сил продолжали саботировать этот проект.

Когда проект стал приобретать реальные очертания, Государственный департамент доложил состояние дел президенту США Рузвельту. 3 апреля 1937 года состоялось заседание кабинета министров, где рассматривался этот вопрос. Госдепартамент высказался «за», министр военно-морских сил на этом заседании не сказал ни «да» ни «нет». Сам же президент не имел возражений против того, чтобы два линкора были построены в США. Он поручил министру военно-морских сил найти частную судостроительную компанию, которая взялась бы за постройку кораблей.

Однако высшие чины военно-морского ведомства были против сделки с Советским Союзом. Под их влиянием компания «Bethlehem Steel» отказалась подписать контракт с фирмой, возглавляемой Карпом.

Карп получил от Госдепартамента США разрешение на экспорт брони, пушек и 16-дюймовых снарядов. В заявке на это разрешение Карп указал примерную стоимость всех этих объектов в 10 миллионов долларов. Американские официальные лица начали выступать в прессе, говоря, что решение по линкорам для Советского Союза может быть принято в ближайшее время и строительство современных линкоров для Советского Союза может начаться летом 1937 года.

Затем выяснилось, что после получения разрешения Госдепартамента США все трудности с проектом линкора и всем необходимым для его оснащения только начались. Против заказа выступила фирма «Дженерал электрик». Она была поставщиком дизелей и не хотела принимать этот заказ, пока не получит указаний морского ведомства, что такой заказ желателен для США. Разрешение на вывоз, выдаваемое Госдепартаментом

США, был для неё подтверждением отсутствия формальных препятствий, но не означал желательность заказа. В точно таком же ситуации находится вопрос изготовления приборов управления огнем, заказ на броню и пушки.

Президент Рузвельт дал разрешение

Для поддержки этого проекта, посол Трояновский встретился с адмиралом Леги, который занимал пост начальника штаба военно-морских сил США и сказал ему, что если Советский Союз сумеет построить в США линкор, то этот корабль будет базироваться на Дальнем Востоке и в случае военного конфликта с Японией сможет вместе с кораблями США противостоять японскому флоту.

В августе 1937 года президент Рузвельт сказал адмиралу Леги, что он «был бы доволен, если бы контракт по строительству линкоров для Советского Союза был бы осуществлен как можно быстрее. Но даже и после этого флотское руководство продолжало саботировать проект.

Рузвельт сказал, что даст необходимые указания Морскому министерству и неофициально моряки будут помогать решению вопроса. Но официально ничего сделать нельзя, переписки по этому поводу вести не следует. Рузвельт считал решенным вопрос о том, что один линкор будет построен в США, а несколько остальных линкоров будут собираться в Советском Союзе из частей сделанных в США.

После нескольких уточняющих переговоров, Президент Рузвельт дал согласие на разработку и поставку линкора в Советский Союз. В августе 1937 г. такое поручение от военно-морского ведомства получила американская фирма «Gibbs & Cox». Кроме одного линкора, Советский Союз должен был получить еще составные части и вооружение для того, чтобы собрать второй линкор на своих верфях.

Карп провел большую подготовительную работу, получил разрешение Морского министерства и Госдепартамента США. Вопрос требовал окончательного решения Президента Рузвельта. 27 ноября 1937 года посол Трояновский был на встрече с президентом Рузвельтом. Как показалось послу, Президент США вел себя именно так, как и должен вести себя человек, материально заинтересованный в правильном решении вопроса.

Об огромном значении этого проекта говорит тот факт, что Сталин встретился по этому поводу с послом США в Советском Союзе Джозефом Дэвисом. 5 июля 1938 года американский посол Джозеф Дэвис готовился покинуть свой пост. Он пришел с прощальным визитом Молотову. К удивлению посла, после нескольких минут после начала разговора с Молотовым в его кабинет вошел Сталин. Он стал говорить с американским послом о покупке линкоров. Сталин сказал, что Советское правительство готово заплатить за строительство одного линкора в Соединенных Штатах, а также за техническую помощь со стороны американских фирм в строительстве второго линкора в Советском Союзе сто миллионов долларов наличными.

Личное вмешательство Сталина сыграло свою роль. 8 июня Рузвельт, собрав у себя высших офицеров военно-морского министерства и чиновников Государственного департамента, подтвердил, что он одобряет строительство в США линейного корабля водоизмещением в 45 000 тонн. Он не только заявил, что отсутствуют какие-либо возражения против этой сделки, но повторил ранее сказанные им слова, что он лично очень надеется на ее осуществление.

Рузвельт приказал министерству военно-морского флота оказать содействие конструкторам, судостроителям и советским представителям, которые будут участвовать в осуществлении проекта. Когда президента предупредили, что некоторые руководящие работники военно-морского министерства все же могут уклониться от поддержки проекта, Рузвельт посоветовал назначить ответственным за все мероприятие офицера в ранге адмирала. В тот же день Государственный департамент сообщил советскому послу о принятых решениях.

Но эта сделка сорвалась. Интересы такой деликатной сделки требовали, чтобы процесс получения разрешений проходил как можно более тихо. Но Карп жаждал славы. Он объявил в прессе о сделке с линкором. Эта информация привела к скандалу. Конгресс США начал свое расследование и запретил проектировать и строить современные боевые корабли для Советского Союза. В конгрессе США были приняты санкции, согласно которым Советский Союз не имел права покупать морские вооружения, выпущенные после 1930 года.

В феврале 1939 года комиссия советских специалистов посетила американские военные верфи, связанные с выполнением этого заказа. Специалисты увидели много интересного и полезного для советских военно-морских сил.

Представленный им проект линкора оказался больше и медленнее, чем значилось в техническом задании. В мае 1939 года Морское министерство США запретило проектировать и строить современный линкор для Советского Союза и предложило спроектировать и построить линкор устаревшего образца 1933 года.

Карп оказался слишком болтливым

В августе 1939 года, после подписания пакта Молотова-Риббентропа, в конгрессе США началось расследование деятельности Карпа. Содержание его допросов публиковали во всех газетах. Карп откровенно рассказывал о том, как выполнял задания советского правительства и давал взятки сотрудникам Госдепартамента и Морского министерства. Он не назвал только сына президента США и госсекретаря, и только поэтому, видимо, избежал сурового наказания.

В США вспомнили о Карпе в 1947 году, когда президент Гарри Трумэн подписал указ о «Программе проверки лояльности федеральных сотрудников». Всех чиновников США проверяли на «детекторе лжи». Против Карпа опять началось расследование.

В это раз он дал более подробные показания. Он рассказал о своих связях с советскими родственниками и о подкупе сына президента. В то время Джеймс Рузвельт был доверенным лицом генерала Дуайта Эйзенхауэра на президентских выборах 1948 года. Из-за этих показаний Эйзенхауэр снял свою кандидатуру, и Трумэн был избран на второй строк.

Последствия в СССР

В октябре 1937 года был арестован и в марте 1938 года расстрелян нарком внешней торговли Аркадий Розенгольц. В августе 1939 года вопрос с Полиной Жемчужиной рассматривался на Политбюро. Её обвинили в неразборчивости связей и сняли с должности наркома рыбной промышленности. В 1940 года был арестован руководитель «АМТОРГА» Давид

Розов. Его обвинили в шпионаже и расстреляли. Через несколько лет после этих событий Полину Жемчужину арестовали и приговорили к 5 годам ссылки. Вместе с ней были арестованы её сестра, брат пенсионер, два племянника и домашняя работница. Во время допросов брат и домашняя работница умерли в тюрьме. В марте 1949 году Молотов был освобожден от должности министра иностранных дел. Он вернулся на эту должность в 1953 году после смерти Сталина.

Не всякий Карп способен быть Хаммером. Сходства и различия Карпа и Хаммера

Опыт Хаммера в России убедительно показывает, что секрет успеха в том, чтобы:

- иметь сильные связи на высшем уровне власти в России
- уметь найти и взять в свои руки интересный вопрос
- быть способным решать сложные задачи в Америке
- уметь вести переговоры и добиваться реальных результатов
- уметь держать язык за зубами.

Если сравнивать Карпа и Хаммера с точки зрения связей на высшем уровне власти, то очевидно, что у Карпа была более сильная поддержка, чем у Хаммера. Карп имел в Советском Союзе прямую поддержу Председателя правительства Молотова и наркома внешней торговли Розенгольца. Все важные решения они проводили как решения Политбюро.

Это был наивысший уровень власти в стране того времени. Выше этого уровня были только Ленин и Сталин.

Хаммер пользовался более высоким уровнем поддержки только при жизни Ленина. В остальные годы поддержка его деятельности была более слабой, чем у Карпа.

Сравнение с точки зрения умения найти и взять в свои руки интересный вопрос, показывает, что Карп сумел взять в свои руки исключительно важный и очень дорогой вопрос. Хаммер никогда не поднимался до такого уровня. Что-то похожее, Хаммер сумел сделал только один раз. Благодаря встрече своего отца с Троцким, он сохранил контракт с «Фордом» и оттеснил от этого бизнеса «АМТОРГ».

Сравнение с точки зрения способности решать сложные задачи в Америке и добиваться результатов показывает высочайший уровень мастерства обоих конкурентов. То, что сумел сделать, Карп находится на уровне невозможного.

Очень интересен тот факт, что Хаммер был хорошо знаком с Джеймсом Рузвельтом. Их знакомство продолжалось пятьдесят три года. Начиная с 1937 года Хаммер оказывал ему финансовую поддержку. Джеймс прошел через три развода в 1940, 1955 и 1969 годах. У него было семь детей. Всю свою жизнь он был в долгах.

Хаммер финансировал Джеймса на выборах в конгресс США в 1955 году. Он оплачивал его поездки в отпуск, авиационные билеты и гостиницы во время частных поездок, давал заказы принадлежащей ему страховой компании. В благодарность за это Джеймс оказывал ему политическую поддержку в конгрессе с 1955 по 1965 годы.

Если Джеймс Рузвельт взялся за деньги помогать незнакомому ему Сэму Карпу, то он точно взял бы деньги у Хаммера. Его помощь стоила бы дешевле, и он отнесся бы к своим обязательствам более ответственно. Вместе с Хаммером они довели бы этот проект до нужного результата.

В умении вести переговоры у Хаммера было значительное преимущество. В Америке он был своим, он был коренным американцем, ему было легче решать вопросы в Америке. Карп был иммигрантом. Он был чужим, ему было намного труднее.

В умении быть в бизнесе длительное время у Хаммера огромное преимущество. В этом вопросе ему нет равных. Никто не продержался в России так долго как Хаммер. Такой результат повторить невозможно.

В умении выкручиваться из сложных ситуаций и держать язык за зубами Хаммеру также не было равных. Он сумел уйти из-под колпака ФБР. За ним многие годы тщательно следили спецслужбы европейских стран и США. Он много раз нарушал законы и всегда избегал наказания. На месте Карпа он бы выкрутился.

Фальшивые доллары

К счастью для Хаммера он не принимал участия в афере по изготовлению и распространению фальшивых долларов в США и в Европе в 1928 году.

В 1928 году Россия начала покупать оборудование в США для индустриализации промышленности. Денег у Сталина катастрофически не хватало. ОГПУ искала любые способы получения валюты. Конфисковывали золото и ценности у населения, продавали предметы искусства, конфисковывали зерно у крестьян и продавали его в США. Все способы получения валюты были хороши. Сталин мобилизовал все ресурсы. В стране был режим жесточайшей экономии валюты. В этой ситуации, афера с фальшивыми долларами выглядела вполне оправданной.

Было неудивительно, что возникли криминальные проекты. Сначала делали копии картин известных мастеров и подделывали иконы, потом решили напечатать фальшивые доллары. Самым большим и самым неудачным криминальным проектом было изготовление ста миллионов фальшивых долларов. В молодости Сталин занимался ограблениями банков. Для него это был хорошо понятный процесс: если нужны наличные деньги, то нужно идти туда, где они хранятся, нужно грабить банк.

В 1928-1930 годах, по прямому указанию Сталина, спецслужбы проводили операцию по печатанию фальшивых долларов в России и обмену фальшивых стодолларовых банкнот за границей. Всё началось в 1928 году, с поездки сотрудника главного разведывательного управления Д. Полякова в США. Он был командирован для детального изучения особенностей печатания денег в США. Поляков действовал под прикрытием должности инженера «АМТОРГА».

После поездки Полякова было принято решение подделывать стодолларовые купюры старого образца, которые в то время изымались из обращения и заменялись новыми деньгами. Бумагу для фальшивых денег получали из старых банкнот более мелких номинаций.

В 1928 году в Москве были напечатаны сто миллионов фальшивых долларов. Они были напечатаны в типографии ОГПУ на специальном печатном оборудовании, привезенном из США. Уровень подделки был настолько высоким, что банковские эксперты многих стран мира не могли их отличить от настоящих денег.

Первые фальшивые деньги были обнаружены в США летом 1928 года. Попытка обменять фальшивые деньги в Европе потерпели провал. В 1929 году они были обнаружены в Австрии, Германии и Болгарии. В газетах появились статьи о фальшивых долларах неизвестного происхождения. Уровень подделки долларов был выше, чем когда-либо раньше. Это указывало на то, что это фальшивки сделаны на государственном уровне. Были задержаны несколько человек, обналичивающих деньги, некоторые из них перед этим вернулись из России.

После первых провалов в Москве было принято решение прекратить обмен фальшивых долларов и вернуть доллары обратно в Россию. В 1930 году основная часть денег была возвращена в Москву. Операция обмена фальшивых денег была прекращена. В течение нескольких лет отдельные фальшивые купюры продолжали появляться в разных странах мира, но это уже была чья-то частная инициатива.

Эта операция с самого начала была обречена на неудачу, те кто ее готовили не понимали механизма обращения долларов. Операцию разрабатывала военная разведка ГРУ, оперативное управление осуществлял руководитель ГРУ генерал Ян Берзин. Это объясняет почему в этой операции не принимал участия Хаммер. Он тесно работал с ОГПУ, а для ГРУ он был чужим человеком.

Москва остановила операцию обмена фальшивых долларов, но в США уже активно велось расследование. В январе 1933 года в аэропорту Ньюарка был арестован прилетевший из Монреаля Ганс Дехов, на следующий день в Нью-Йорке арестовали доктора Бартена. Дехов сразу начал сотрудничать со следствием и дал показания о том, что доктор Бартен сказал ему, что получил от своего пациента сто тысяч долларов 100-долларовыми купюрами, но не хочет менять их в Нью-Йорке. Дехов взялся обменять деньги в Чикаго и отвез туда образец денег.

Чикагские бандиты отдали фальшивые купюры на проверку в банк, где сказали, что деньги подлинные. После этой проверки чикагские бандиты согласились менять фальшивые деньги в банках Чикаго. Об условиях обмена договаривался Бартен. Он предложил бандитам вознаграждение в сумме 30 процентов выручки от обмена и передал им 100 тысяч долларов.

Фальшивые доллары были обнаружены и чикагских бандитов арестовали. Они согласились сотрудничать со следствием и дали показания против Дехова и Бартена. Бандиты пообещали убить Дехова за то, что он их обманул и дал им фальшивые деньги.

Дехов прятался в Монреале. Он оказался в очень сложной ситуации. Над ним нависли угрозы с трех сторон. С одной стороны, чикагские бандиты требовали компенсации за свои убытки и грозили его убить. С другой стороны, агенты ФБР шли по его следу. С третьей стороны, он стал очень опасным свидетелем для ОГПУ. Его жизнь была в огромной опасности. Многим было выгодно его убить. Он выбрал меньшее зло и решил сдаться федеральным агентам США.

Расследование, проведенное в США, показало, что фальшивые деньги были напечатаны в России и предназначались для сбыта в Китае. Качество денег было такое высокое, что ГРУ решило реализовать деньги в Европе и в США.

Схема распространения была очень простой: агенты-распространители действовали по политическим мотивам, бескорыстно. Они хотели помочь Советскому Союзу. Важным звеном системы распространения был криминал. В Китае – мафия, в Восточной Европе и в Чикаго действовали через бандитов.

Главным обвиняемым оказался американский коммунист, врач кардиолог из Нью-Йорка Валентайн Бартен. Он получил деньги из Советской России и пытался их разменять через своего приятеля Ганса Дехова. Тот, в свою очередь, пытался обменять 100 тысяч долларов через чикагских бандитов.

Следствие длилось несколько лет. В феврале 1933 года в «Нью-Йорк таймс» появилась статья: «Поток поддельных денег из России». В статье говорилось о том, что поддельные банкноты 100-долларового достоинства были самой лучшей подделкой, когда-либо обнаруженной в США. Деньги были изготовлены в СССР на высоком профессиональном уровне. С применением специальных печатных станков и клише. Они были напечатаны на специальной бумаге, привезенной из Америки. Фальшивые деньги проникли в Америку через Китай.

Суд над Бартеном и Деховым состоялся в 1934 году. Врач оказался стойким коммунистом. Он был советским агентом и важным звеном международного заговоре фальшивомонетчиков, но он ни в чем не признался и никого не выдал. Бартен был осужден на 15 лет тюремного заключения. Дехов был оправдан. Прямых улик участия Советского Союза в изготовлении фальшивых долларов обнаружено не было.

Свидетелем, давшим обличительные показания, оказался бывший генерал ГРУ Александр Орлов. Перед своим побегом в 1938 году, он был резидентом советской военной разведки в Испании, перед этим он был резидентом военной разведки во Франции, Австрии и Италии. Орлов дал показания о том, что изготовление фальшивых денег осуществлялось в Советском Союзе по прямому приказу Сталина. Оперативное руководство операцией осуществляли два генерала: руководитель военной разведки ГРУ Ян Берзин и начальник особого отдела ОГПУ Глеб Бокий. В 1937 году оба генерала были арестованы и расстреляны. (12, 17-31)

Если бы Хаммера привлекли к афере с фальшивыми долларами, то скорее всего он бы смог объяснить генералу Берзину слабые места этой операции. Печатать фальшивые доллары если и было целесообразно, то только для подрыва всей финансовой системы Америки. Но тогда нужно было печатать намного больше долларов - не сто миллионов, а сто миллиардов долларов.

Сто миллионов долларов не могли нанести вред финансовой системе США. Тем более, они не могли помочь разбогатеть Советскому Союзу. Такое количество долларов нельзя было незаметно разменять на более мелкие деньги. Те, кто готовили эту операцию не понимали, как работают финансовая и банковская системы США.

Почему была разработана операция, которая оказалась настолько бессмысленной? К этому могло привести несколько причин. Во-первых, операция была настолько секретной, что к ее разработке не были привлечены квалифицированные советские специалисты. Все принципиальные вопросы решали руководитель военной разведки Берзин и генерал государственной безопасности Бокий. Они были специалистами в том, как украсть чужие секреты и не понимали, как обращаются доллары. Они были хорошими шпионами и плохими созидателями.

Во-вторых, ситуация с валютой в стране была настолько катастрофической, что могли попытаться схватиться за «соломинку». Вполне возможно, что кто-то подбросил эту идею Сталину и она ему понравилась. Он дал поручение разработать такую операцию, и никто не посмел поставить ее под сомнение. Слишком опасно было ему возражать.

Самое страшное могло произойти в том случае, если бы США узнали кто на самом деле напечатал фальшивые доллары. У Советского Союза могли бы быть огромные неприятности. Эта операция была очень опасной и бесполезной. Её проведение было безумием. Не удивительно, что руководителей этой операции расстреляли. Как видимо и всех тех, кто хоть что-то знал про изготовление фальшивых долларов в Советском Союзе.

Галуст Гюльбенкян – мистер «пять процентов»

Галуст Гюльбенкян был сыном богатого армянского нефтепромышленника и банкира, который сделал свое состояние на импорте керосина из России. Он получил прекрасное образование и считался экспертом мирового класса в вопросах нефти. Коммерция была у него в крови. Его любым занятием были походы на базар, где он учился восточному искусству ведения дел.

Он в совершенстве постиг восточное искусство торговли — ведение дел, интриги, «бакшиш», сбор информации. Он научился никому не доверять, тщательно собирать нужные сведения, а главное - скрывать свои мысли, эта выработанная им привычка сыграла немалую роль в том, что ему почти всегда сопутствовала удача.

Он развил в себе проницательность и трудоспособность. Его выдающимися способностями были терпение и настойчивость. В этом ему не было равных. О нем говорили: «Проще расплющить гранит, чем сдвинуть мистера Гюльбенкяна».

Он всегда старался контролировать ситуацию, когда же это было невозможно, следовал любимой старой арабской пословице: «Не кусай руку противника — поцелуй ее». Гюльбенкян часто говорил: ««Маленький кусочек большого пирога лучше, чем большой кусок от маленького пирога». Он сумел получить маленький кусок от огромного пирога. Он получал пять процентов от каждого барреля нефти, добытой в Ираке и Саудовской Аравии. Это был человек, которого называли мистер «Пять процентов». Гюльбенкян был одним из самых богатых миллиардеров своего времени.

Гюльбенкян был очень недоверчив, он никогда и ничему не верил, все проверял и перепроверял. Он всегда содержал несколько шпионов, которые собирали для него конфиденциальную информацию. Прежде чем купить предметы искусства, для своей коллекции он делал две-три экспертизы. Подозрительность была семейной чертой Гюльбенкянов. Его дед прожил 106 лет и до конца жизни содержал две группы врачей, чтобы иметь возможность проверять одну с помощью другой. Такая подозрительность была необходимым механизмом выживания в те годы.

Гюльбенкян был очень трудным и неудобным переговорщиком своего времени. Он не любил компромиссов, но держал свое слово, если он его давал. Трудность состояла в том, чтобы получить это слово.

У него был уникальный стиль ведения переговоров. Во время ведения он никогда не говорил, в чем заключаются его требования в целом. Он выдвигал свои требования поочередно и, достигнув решения по одному вопросу, выставлял следующее требование, затем еще одно, добиваясь таким образом значительно большего, чем он бы мог получить если бы выдвинул все свои требования одновременно.

Во время переговоров Гюльбенкян не отказывался ни от одного своего требования. Он обращал так много внимания на мелочи, что доводил до бешенства другую сторону. С ним было невыносимо было иметь дело, потому что он не хотел идти на компромиссы.

Уникальной особенностью стиля его переговоров было то, что он сам не присутствовал на встречах.

Вместо себя он посылал трех-четырех представителей, которые действовали независимо друг от друга. Им было запрещено разговаривать между собой. Каждый из них потом делал письменный отчет, в котором кроме анализа противников был анализ поступков его представителей. Гюльбенкян сделал так много денег, что уже не имели для него особого значения. Он вел переговоры потому, что это доставляло ему радость.

Однажды у Гюльбенкяна был конфликт с английской компанией «British Petroleum». Стороны пытались договориться до начала судебных слушаний. После очень сложных и длительных переговоров соглашение было практически достигнуто. Стороны с большим трудом договорились и согласовали текст соглашения за день до начала судебных слушаний. Подписание соглашения было запланировано на семь часов вечера. После подписания документов должен был состояться праздничный ужин.

Все было готово. Без пяти семь Гюльбенкян заявил, что есть еще один пункт для обсуждения и включения в итоговый документ. Все оцепенели. Новое требование Гюльбенкяна отправили в центральный офис в Лондон и стали ждать ответа. В зале переговоров установилось угнетающее молчание. Нужно было ждать. Все были выжаты. Не было смысла отказываться от ужина. Гюльбенкян пригласил всех к столу. Ужин получился очень мрачным, у всех было похоронное настроение. Двенадцать мужчин выпили только одну бутылку шампанского. Праздновать было нечего.

Через несколько часов пришла телеграмма из Лондона. Это было согласие на последнее требование Гюльбенкяна. Соглашения были перепечатаны,

Гюльбенкян подписал их в два часа ночи. В восемь утра должны были начаться судебные слушания.

Достигнутое соглашение было «образцом путаницы». По мнению другой стороны: «Подписанное соглашение было никому не понятно». Но именно в этом и было его преимущество. По мнению адвокатов Гюльбенкяна: «Никто не сможет оспорить в суде эти документы, потому что их невозможно понять».

Произведения искусства, которые он собирал всю свою жизнь, явились величайшей коллекцией, составленной в наше время одним человеком. У него была одна слабость, которая наполняла его жизнь смыслом - антиквариат. Он руководствовался принципом: «Только наилучшее для меня достаточно хорошо». Обладая колоссальным богатством, он собрал коллекцию из более чем шести тысяч уникальных произведений искусства разных народов: монеты, медали, картины, статуэтки, фарфор, предметы утвари, рукописи, книги, изделия из драгоценных металлов, камней и др.

В 1929 году Гюльбенкян сделал первую покупку предметов искусства в СССР. Он купил коллекцию золотой и серебряной посуды и несколько пейзажей Юбера Робера. Одна из купленных им картин являлась шедевром мирового значения из постоянной экспозиции Эрмитажа. Это была картина нидерландского художника Дирка Боутса «Благовещение». Стоимость покупки составляла 54 тысячи фунтов стерлингов. Цена была явно заниженной.

Причина была в том, что Гюльбенкян был более важен для СССР как покупатель нефти, чем как коллекционер предметов искусства. У Гюльбенкяна была большая квота на продажу нефти в Европе и не было таких объемов в наличии. Он добывал меньше, чем имел право продать в Европе.

У СССР была прямо противоположная ситуация. Добыча нефти росла и явно превышала внутренние потребности экономики. В Советском Союзе было не так много автомобилей, самолетов и тракторов. Страна больше нуждалась в валюте, чем в топливе. Советский Союз имел много нефти и не имел возможностей для ее легальной продажи. Он пытался нелегально продавать свою нефть Гюльбенкяну с тем, чтобы он потом продавал её, как нефть, якобы добытую в Иране.

Рабочие контакты с Гюльбенкяном осуществлял Георгий Пятаков. Он начинал их, когда руководил нефтяной промышленностью и продолжал после того, как стал председателем Госбанка СССР. Он хорошо знал, что Гюльбенкян коллекционер, который собирает старинную живопись и имеет превосходную коллекцию. Возможность покупки предметов искусства в СССР вызывала явный интерес у коллекционера. Он составил список из 18 лучших картин «Эрмитажа», включив в него картины Рафаэля, Боттичелли, Рембрандта, Рубенса и другие мировые шедевры. Покупатель назвал свою цену. За Рембрандта он предложил 2, 5 миллиона долларов и один миллион долларов за шесть картин Рубенса.

Гюльбенкян считал объемы продажи советской нефти недостаточно большими, для того чтобы вызвать его интерес. Он был больше заинтересован в покупке картин из «Эрмитажа». Пятакова использовал интерес коллекционера и предложил ему в декабре 1929 года купить коллекцию французских драгоценностей и картину Рубенса «Портрет Елены Фурман». Гюльбенкян предложил свою цену, но продавцы считали ее заниженной. После небольшой торговли договорились о цене, которая всех устраивала.

Через несколько месяцев Гюльбенкяну предложили купить две картины Рембрандта и несколько картин голландских художников. Одновременно с этим были заключены большие контракты на поставку ему советской нефти.

В данном случае Пятаков проявил себя мастером переговоров. С Гюльбенкяном было очень сложно договариваться. Он почти всегда получал от других то, что он хотел. В переговорах с Россией у него была очень сильная позиция. У него была большая квота на продажу нефти, а у Советского Союза ее не было. Продажа советской нефти по его квоте, под видом иранской нефти, была нелегальной операцией. Он был настолько богат, что это было ему не нужно. Он не хотел проводить нелегальные операции. Его позицию могла изменить только очень низкая цена нефти.

Пятаков сумел решить этот вопрос иначе. Он использовал слабое место своего оппонента, его страсть коллекционирования предметов искусства. Пятаков зацепил Гюльбенкяна картинами из коллекции «Эрмитажа».

После своей смерти в возрасте восьмидесяти шести лет, Гюльбенкян оставил огромное состояние, выдающуюся коллекцию произведений искусства и художественный музей в Лиссабоне, а также бесконечные судебные тяжбы вокруг своего завещания и условий владения его состоянием.

Глава 8
Нефтяной бизнес

«Оксидентал Петролеум»

В 1955 году в жизни Хаммера произошли большие изменения. Он в третий раз женился и переехал жить в Калифорнию. Ему было пятьдесят восемь лет. Хаммер был богат и думал о спокойном образе жизни.

После длительного свадебного путешествия он проводил много времени с женой, составлял планы перестройки дома, выбирал маршруты круизов и зарубежных поездок. После трех месяцев жизни пенсионера, он понял не хочет так жить.

Сорок лет его предыдущей жизни были до отказа заполнены деловыми встречами, телефонными разговорами и деловыми поездками. Днем и ночью он отвечал на телефонные звонки, принимал немедленные решения и отдавал распоряжения. Каждый день он получал десятки писем. Он был всем нужен. Это была его жизнь.

Хаммер решил вернуться в деловую жизнь. Он стал искать новый бизнес. Ему посоветовали купить нефтяную компанию, которая находилась в Калифорнии и называлась «Оксидентал петролеум». Фирма влачила жалкое существование и её акции стоили 18 центов. Владельцы компании пытались продать её за 120 тысяч долларов. Аудит этот компании показал, что фирма не стоит этих денег.

Хаммер отказался покупать эту фирму и предложил другую форму сотрудничества. Он одолжил этой фирме 100 тысяч долларов на бурение двух скважин. Обе они оказались нефтеносными. Затем Хаммер дал еще 100 тысяч долларов на разработку нефтеносного участка. Через восемь лет Хаммер продал этот участок за двенадцать млн долларов.

Нефтяной бизнес стал для Хаммера очень удачным. Он был более рискованным и более прибыльным, чем дела, которыми Хаммер занимался раньше. После первых успехов цена акций фирмы «Оксидентал» повысилась в пять раз. Когда акции стали стоить один доллара, Хаммер начал их скупать и стал владельцем самого большого пакета акций. После этого он стал членом совета директоров, в 1957 года его выбрали президентом компании. Через десять лет акции компании продавались по 150 долларов. Через тридцать лет, в 1986 году фирма «Оксидентал» стала двадцатой по величине промышленной корпорацией в Соединенных Штатах, в ней работало 45 тысяч человек и объем продаж составил шестнадцать миллиардов долларов. Но все это было потом.

В первое время у Хаммера не было денег для того, чтобы нанять нормальных специалистов. Поэтому он стал искать партнеров. Сначала он нашел лучшего специалиста по бурению. Джин Рид был одним из самым высокооплачиваемым бурильщиком в США. Он умел бурить скважины, но не умел искать нефть. Он зарабатывал много денег у крупных фирм и тратил все это на бурение собственных скважин. Но все его скважины были сухими. Работая на себя, он ни разу не нашел на нефть.

Хаммер попросил его объяснить этот парадокс. Джин сказал; «Во всем виноваты геологи. Среди них очень мало знающих людей. После их советов я всегда получаю сухую скважину. Мне еще ни разу не повезло.» Хаммер предложил Джину стать своим партнером, дал ему большой пакет акций и назначил его на должность вице-президента по добыче нефти. Перед уходом на пенсию пакет акций Джона стоил больше тридцати млн долларов.

Затем было история с участком в Латпоне. Чтобы собрать деньги на бурение скважины нужно было 320 тысяч долларов. Хаммер разделил эту сумму на десять частей по 32 тысячи каждая. Покупатель каждой десятой части получал право на одну двадцатую всей прибыли от эксплуатации скважины. Хаммер сам купил две части, его друзья купили остальное.

Раньше на этом участке бурила нефтяная фирма «Тексако». Все её скважины на глубине 200 метров были сухими. Один из новых работников, геолог Боб Тайтсворт, согласился перейти на работу к Хаммеру, при условии, что Хаммер арендует этот участок и будет бурить более глубокую скважину, чем до него бурила фирма «Тексако».

Все с нетерпением ждали начала бурения и понимали, что неудача приведет к серьезному падению акций «Оксидентал». На глубине бурения 200 метров нефти не было. Дошли до глубины 250 метров то же самое. На глубине 300 метров появилась нефть. Это оказалось второе по величине месторождение нефти, когда-либо найденное в Калифорнии, с запасами нефти стоимостью 200 млн долларов.

Акции «Оксидентал» выросли с четырех до семи долларов. За каждую десятую часть, проданную по 32 тысячи, теперь предлагали миллион долларов. Хаммер дал на бурение скважины 64 тысячи и получил обратно два миллиона долларов.

Переговоры Хаммера в Ливии

За многие годы успешного ведения бизнеса в различных странах мира Хаммер отшлифовал свой уникальный стиль ведения переговоров. При решении любой сложной задачи он сначала выяснял от кого зависит ее решение, а затем искал прямой выход на этого человека. Для каждого человека Хаммер искал свой индивидуальный подход. В большинстве случаев это были какие-то очень важные для этого человека услуги или же просто деньги. Хаммер становился ему очень полезным, оказывал важные услуги, умело договаривался или просто покупал то, что ему нужно.

Одним из ярких примеров умения договариваться является его победа в тендере на нефтяную концессию в Ливии. У Хаммера не было никаких шансов победить своих значительно более сильных конкурентов, и, тем не менее, он смог это сделать. Он умело провел переговоры и стал победителем тендера в Ливии.

Картель «Семь Сестер»

В начале 1960-ых мировой нефтяной бизнес фактически находился в руках картеля семи могущественных нефтяных компаний известного под названием «Семь Сестер». В него входили одна компания из Голландии (Royal Dutch/Shell), одна компания из Англии (British Petroleum), четыре компании из США (Exxon, Chevron, Mobil, Texaco) и одна компания из Саудовской Аравия (Gulf Oil).

Для того, чтобы исключить кровавую войну между собой во время тендеров за месторождения нефти, эти компании договорились сохранять и защищать свои существующие позиции. Поэтому в любом новом месторождении нефти эти семь компаний получали одну и ту же долю участия.

Эти семь компаний договорились совместно использовать оборудование для бурения скважин и добычи нефти, нефтеперекачивающие трубопроводы, танкеры для перевозки нефти и заводы по переработке нефти.

Где бы ни были открыты новые месторождения нефти, картель создавал местную компанию, которая диктовала свои условия. Местные правительства ничего не могли противопоставить картелю. Картель продемонстрировал свою силу в 1951 году в Иране. Когда иранское правительство попыталось национализировать нефтяную компанию, принадлежащую картелю, картель перекрыл Ирану доступ на мировой рынок нефти и парализовал иранскую экономику.

Ни одна другая компания мира не могла конкурировать с картелем. Ни одна страна мира, за исключением США, не оказывала сопротивления картелю.

Ливия

В 1951 году из трех итальянских колоний на Севере Африки была создана новая страна - Ливия. Её территория была больше, чем Англия, Германия и Франция вместе взятые, но страна была очень малочисленной. В неё жил один миллион человек. Население было безграмотным, большинство должностей в правительстве и верховном суде занимали иностранцы.

Единственными бизнесами, приносящим доходы, были строительство, а также обслуживание американской и английских военных баз. Ливия была одной из самых коррумпированных стран мира. Государственные чиновники и члены королевской семьи без стеснения вымогали взятки у всех бизнесов. Широко распространенной практикой было получение взятки в сумме трех процентов от объема продаж.

Месторождения нефти в Ливии

В 1955 году в Ливии нашли огромные запасы нефти и правительство разработало уникальную систему нефтяных концессий, которая вместо одной национальной концессии включала 85 отдельных концессий. Нефтяные компании должны были участвовать в тендерах на каждую концессию и не могли иметь больше, чем лимит, определяемый правительством Ливии. Это было сделано для того, чтобы создать сложности нефтяному картелю и привлечь в страну независимые нефтяные компании.

Нефтянные концессии в Ливии в 1965 году

Первые концессии были выданы сроком на десять лет. Их получили четыре нефтяных гиганта из картеля «Семи сестер» и семь независимых нефтяных компаний. За десять лет бурения у них было значительно больше неудач, чем счастливых находок. Компания «Шелл» потратила на бурение малопродуктивных скважин 50 миллионов долларов. То же самое произошло с «Exxon».

В 1965 году должны были быть выданы новые концессии. Столица Ливии – Триполи, превратилась в огромный базар, на котором представители иностранных нефтяных компаний искали посредников, способных обеспечить поддержку влиятельных государственных чиновников. На кону стояли призы в миллиарды долларов и вокруг этого крутились тысячи людей.

Одним из участников этой грязной игры без правил был Арманд Хаммер. В то время он был президентом небольшой американской нефтяной компании «Occidental». Хаммер пытался получить государственную концессию на два самых богатых месторождения нефти участки №426 и №44. Для победы в тендере ему нужно было иметь сильнейшую поддержку в правительстве.

В тех странах, где действует коррумпированная экономика, все решают деньги и связи. Нужные решения принимаются за деньги. Но для того, чтобы деньги дошли до тех, кто принимают решения, нужны реальные связи.

Хаммер понимал, что для победы в тендере ему нужно покровительство тех, кто принимают решения о выделении концессий. И за такое покровительство нужно платить. Для бизнеса в Ливии это было нормальной практикой. Проблема была в том, чтобы найти нужных людей и договориться с ними. Кто-то должен был привести Хаммера к этим людям. Этим занимались посредники, среди которых было много аферистов. Очень много людей предлагали свои услуги в качестве посредников и большинство из них пытались обмануть своих клиентов. Очень легко было ошибиться и заплатить деньги аферистам, не получив ничего взамен.

Посредники

В 1961 году, за четыре года до проведения тендера, Хаммер нанял трех посредников, каждый из которых, обещал ему найти выход на приемного сына короля Ливии Омара Шелхи, который был очень влиятельным членом комитета по нефтяным концессиям и от мнения которого во многом зависел выбор победителя тендера.

Один из посредников Хаммера был отставной генерал, второй называл себя другом королевской семьи, третий был бывшим министром труда. Каждый посредник обещал, что он сможет найти прямой выход на Омара Шелхи.

Независимо от своих агентов, Хаммер пытался сам найти контакты с членами королевской семьи. В 1964 году он смог добиться встречи с королем Ливии, во время которой он предложил построить в Ливии завод сельскохозяйственных удобрений. Но в это время власть короля была уже чисто номинальной. Решения принимал его сын. Прошло четыре года, приближалась дата начала тендера, но Хаммер так и не смог установить контакт с Омаром Шелхи.

Американская компания «Оксидентал» потратила много денег и усилий в Ливии, но за четыре года не продвинулась ни на шаг вперед. За два месяца до начала тендера, вице-президент по финансам «Оксидентал» считал шансы компания нулевыми. Он рекомендовал Хаммеру уйти из Ливии и списать сделанные затраты в убытки, но Хаммер продолжал бороться.

Настоящие посредники

После трех лет неудач, Хаммер решил обратиться за помощью к одному из тех маленьких игроков, которые уже имели успешный опыт первых концессий в 1955 году. Он сумел встретиться с одним из таких людей в Риме. Посредник согласился помочь и познакомил Хаммера со своим партнером в Германии, который через своего друга был связан со старшим братом Омара Шелхи.

На следующий день, Хаммер и два его новых посредника прилетели в Германию и встретились с человеком, связанным с Омаром Шелхи. Его звали Зейнал Заде, он был хозяином русского ресторана в Дюссельдорфе и уроженцем России. Зейнал закончил Лондонскую школу экономики и во время учебы несколько раз был переводчиком и выполнял отдельные деловые поручения Бусайри Шелхи старшего брата Омара Шелхи.

Этим же вечером, Зейнал позвонил Омару Шелхи. Он сказал ему, что только что познакомился с человеком по имени Хаммер, который хочет получить концессию на участки №426 и №44. В ответ он услышал громкий смех. Омар смеялся над безумцем, у которого хватает наглости бороться с картелем «Семи Сестер». Омар никогда не слышал имени Хаммера. Он посоветовал своему другу не тратить деньги и время на пустые телефонные разговоры – компанию Хаммера не станут даже рассматривать в таком серьезном тендере.

Зейнал возразил Омару, он сказал: «Хаммер понимает, что у нет шансов, поэтому он готов платить за реальную помощь. Хаммер выглядит как серьезный человек и готов заплатить за победу в тендере. Он обещает заплатить 3% от стоимости добываемой нефти и дает премию в 2,8 млн долларов за победу в тендере».

Встреча с влиятельным человеком

Омар Шелхи уважал друга своего старшего брата, он согласился встретиться с американцем через неделю в Германии, где он должен был быть на приеме у глазного доктора. Через неделю, в Бонне состоялась их встреча. Хаммер выглядел очень уверенно. Он сразу перешел к делу и сказал, что хочет иметь бизнес в Ливии и готов делать все необходимое для этого.

Шелхи был ошеломлен. Он стал объяснять, что за концессии идет беспощадная война и у Хаммера нет никаких шансов. Хаммер ответил, что он сделает все необходимое для того, чтобы победить. Он сам принимает решения внутри своей компании и ему не нужны ничьи разрешения. Если Хаммер получит доступ к ливийской нефти, то он сможет сломать монополию картеля «Семи Сестер» и если Шелхи поможет ему в этом, то он станет самым богатым человеком в Европе.

Это произвело сильное впечатление. Хаммер был готов действовать. Он отличался от всех тех нефтяных боссов, с которыми раньше встречался Шелхи.

План действий

Шелхи начал говорить серьезно и описывать существующую ситуацию с тендером, который должен был начаться через пять недель. Он перечислил большой список того, что должно было быть сделано в очень короткие сроки. Шелхи убедился в том, что

Хаммер прекрасный слушатель, который мгновенно схватывает ключевые проблемы. Его уточняющие вопросы показывали, что он хорошо понимает суть вопросов и смотрит на многие вещи точно также как и Шелхи.

Перед Шелхи стояла проблема не только в том, чтобы Хаммер победил в тендере, но и в том, чтобы никто бы не понял, что он помог ему это сделать. Хаммер должен был продемонстрировать, что у его компании есть все необходимые ресурсы для получения концессии. Если у него чего-то нет, то нужно было создать иллюзию, что это есть. Для того, чтобы избежать скандала, нужно было всем объяснить почему компания «Оксидентал», не имеющая опыта в международных проектах по добычи нефти, была выбрана победителем среди других значительно более опытных компаний.

Аномальное предложение

Хаммер подсказал, что компания «Оксидентал» может бесплатно провести работы по бурению воды в засушливых землях Ливии. Это может оказаться весомым аргументом соответствующим национальным интересам Ливии и отличающим компанию «Оксидентал» от других участников тендера.

Конкретные действия

В конце встречи, Хаммер подтвердил, что все пункты, перечисленные Шелхи будут выполнены. У него были ответы на любые вопросы. Он начал немедленно реализовывать взятые на себя обязательства и в тот же вечер отправил в Ливию специалистов по бурению воды. Шелхи никогда не встречал бизнесмена, который действовал бы так четко и уверенно.

На следующий день Хаммер встретился с партнерами Шелхи и подписал с ними секретный договор о сотрудничестве. Документ существовал в одном экземпляре и хранился в сейфе Хаммера. Были согласованы премии в 2,8 млн долларов за победу в тендере и вознаграждение в сумме три процента от стоимости добытой нефти. Половина этой суммы предназначалась для Шелхи.

С одной стороны, это была очень высокая цена. С другой стороны, без этого соглашения у Хаммера не было никаких шансов на успех. Одновременно с подписанием это соглашения, Хаммер уволил других посредников, которых он использовал ранее.

В этом проекте Хаммер действовал по своей стандартной схеме.

1. Сначала он выяснил какие традиции существуют при выборе победителей тендеров в Ливии. Он узнал о том, что победить можно только за взятку и что нормальным вознаграждением считается сумма в три процента.

2. Затем он начал собирать информацию о влиятельных членах тендерного комитета, которые определяют выбор победителя. Таким образом, он узнал про Омара Шелхи.

3. После этого он начал искать контакты с Омаром Шелфи. Нанял трех посредников. Потратил на это четыре года и не получил никаких результатов.

4. Нужный результат принес четвертый посредник, который смог найти человека знакомого с Шелхи. Этот знакомый сумел договорился о личной встрече Шелхи с Хаммером.

5. Личная встреча Хаммера с Шелхи позволила им договориться о сотрудничестве. Они стали партнерами. Шелхи рассказал Хаммеру, что конкретно нужно сделать для того, чтобы победить в тендере.

6. Таким был нефтяной бизнес тех лет. Один продавал свои возможности в выборе победителя тендера, другой покупал их. У одного был ходовой товар, у другого были деньги.

Победа в тендере

Компания «Оксидентал» подала свою заявку на участие в тендере 20 июля 1965 года. Результаты тендера должны были быть объявлены Министерством нефтяной промышленности Ливии в декабре 1965 года. Эти сроки несколько раз переносили, сначала на февраль, потом на май, потом на декабрь 1966 года.

Уроки бизнеса в Ливии. Самым важным уроком того, как делается бизнес в Ливии было понимание, что: «В Ливии ничего не делается без взяток и ничего не происходит в срок. Все стоит очень дорого и происходит очень медленно».

Каждый раз перенос сроков вызывал бурную подковерную активность участников. Все пытались договориться с организаторами тендера. Ставки за победу в тендере повышались. Хаммер сильно волновался. Он уже потратил много денег на активность в Ливии. Шелхи его успокаивал и говорил, что Хаммер должен быть терпеливым. В Ливии все делается очень медленно. Долгожданное решение было объявлено в феврале 1967 года. Победителем тендера стала компания Хаммера.

Небольшая американская компания «Оксидентал» была выбрана победителем в соревновании с четырнадцатью значительно более опытными и более крупными нефтяными компаниями. Никогда раньше небольшая независимая нефтяная компания не получала концессии на такие огромные месторождения нефти.

Ливия стала единственной страной в мире, в которой картель «Семь Сестер» не имел исключительного контроля за нефтью.

Уроки бизнеса в Ливии. *Это было прекрасным уроком того, как делается бизнес в Ливии: «За решение любого вопроса нужно платить. Все решают нужные связи и большие деньги».*

Компания «Оксидентал» получила право добывать нефть в Ливии. Участки земли, на которых Хаммер имел право добывать нефть представляли собой огромную территорию каменистой, выжженной солнцем пустыни в двухстах километрах от Средиземного побережья. Теперь начиналось самое трудное – нужно было найти нефть. Первые несколько скважин были сухими. Их бурение стоило очень дорого. После первых неудачных скважин среди руководства «Оксидентал» начались разговоры о том, что Ливия слишком дорогое место для маленьких компаний, там могут быть успешными только самые большие и богатые нефтяные компании.

Этот участок в течении десяти лет разрабатывала американская компания «Mobil». Она пробурила десятки скважин и ничего не нашла. Потратила десятки миллионов долларов и отказалась от этой концессии. «Оксидентал» пришла после нее на тот же самый участок и начала бурить скважины там, где был расположен базовый лагерь «Mobil».

Почему стали бурить там, где другие уже бурили и ничего не нашли? Потому, что «Оксидентал» применила недавно разработанные сейсмические технологии и они указали на наличие нефти на больших глубинах. Первая же скважина дала 45 тысяч баррелей в день, а вторая скважина дала 75 тысяч баррелей в день. Эти скважины давали 390 тысяч долларов в день. «Оксидентал» открыла одно из богатейших месторождений нефти в мире с запасами 3 миллиарда баррелей.

После того как нашли нефть нужно было оборудовать буровые станции и создать инфраструктуру для транспортировки нефти из Ливии. Транспортировка была под контролем картеля «Семь Сестер». Картель не разрешал Хаммеру использовать их нефтепроводы и терминалы в порту. Хаммер должен был либо построить все сам, либо продать свою нефть картелю по низким ценам.

Строительство нового нефтепровода длинной в 200 км и нефтяного терминала в порту стоили 153 млн долларов. Таких денег у Хаммера не было. В тот момент стоимость его компании составляла 50 млн долларов. Хаммер сумел договориться со строительным гигантом «Bechtel» о финансировании строительства за счет будущих поставок нефти.

Обычно строительство такого нефтепровода через пустыню занимало три года. Но при форсировании темпов работ его построили быстрее, чем за год. В феврале 1968 года строительство нефтепровода было завершено и весной началась загрузка танкеров.

Хаммер совершил невозможное, менее чем через два года после получения концессий «Оксидентал» приступила к отправке нефти в Европу. Она ежедневно добывала в Ливии и отправляла в Европу 800 тысяч баррелей нефти.

Отношения с посредниками

Объем продаж нефти с месторождений в Ливии, при цене один доллар за баррель, ежегодно приносил компании «Оксидентал» 900 млн долларов. Вознаграждение посредников составляло 27 млн. долларов в год.

Большие деньги очень часто приводят к сложным отношениям. Добытая нефть проходит долгий и дорогостоящий путь до потребителя. Всё требует огромных затрат: добыча нефти, транспортировка трубопроводом, морская перевозка танкерами, перегрузки в портах, хранение нефти. Все стоит денег. В такой стране как Ливия возникает огромное количество непредвиденных расходов.

Участие посредников очень полезно при заключении сделок. Очень многие сделки состоялись только потому, что у них были посредники. Без них они были бы невозможны. Посредники срабатывали один раз и приносили победы в тендерах. После этого они начинают получать ренту в течение всего срока действия сделки и, тем самым, снижают эффективность бизнеса.

В конце 1968 года добыча нефти вышла на проектную мощность. Начав с нуля, в очень короткий срок «Оксидентал» стала шестой крупнейшей нефтяной компанией в мире. После строительства нефтепровода и портовых терминалов она пробилась на европейский рынок. Всю свою нефть «Оксидентал» добывала в Ливии и её благополучие полностью зависело от устойчивости политической власти в этой стране.

В 1969 году большинство экспертов оценивали ситуацию в Ливии как стабильную. Королю Идрису было 79 лет, он уже двадцать лет правил страной. Вопрос передачи власти стал актуальным. Эксперты считали, что в ближайшие годы, король мирно передаст власть своему сыну. Но эксперты, как всегда, ошиблись, смена власти произошла быстро и неожиданно. В августе 1969 года король Идрис уехал на лечение в Турцию. Вместе с ним уехали отдыхать все ключевые руководители. Возникла очень опасная ситуация безвластья, которой мгновенно воспользовались те, кто хотели захватить власть.

Муаммар Каддафи

1 сентября 1969 года в Ливии произошел государственный переворот. Власть захватил Муаммар Каддафи. Переворот получился бескровным. Каддафи поддерживала группа из семидесяти молодых офицеров, которые были вооружены пятью пистолетами. Во время переворота случайно погиб один солдат.

Потом стало известно, на сентябрь 1969 года в Ливии были запланированы два разных военных переворота. 1 сентября начала государственный переворот группа младших офицеров во главе с Каддафи, а на 15 сентября был запланирован переворот группой старших офицеров ливийской армии. Возникла неразбериха. Многие военные, участвуя в перевороте 1 сентября, не знали, кем организован переворот. Так получилось, что кто первый начал переворот, тот и власть захватил.

После прихода к власти, Каддафи начал расследование того, как Хаммер получил нефтяную концессию. Шелхи бежал из страны в Швейцарию и был заочно приговорен к расстрелу. В течение короткого времени Каддафи собрал всю информацию о том, как на самом деле произошла выдача концессии.

Изменения условий добычи нефти

В январе 1970 года Каддафи потребовал, чтобы иностранные компании, добывающие нефть в Ливии, стали дополнительно платить правительству Ливии 43 цента за каждый баррель нефти. В ответ на это требование картель «Семь сестер» предложил 5 центов. Картель не хотел уступать, он добывал нефть в различных странах мира и не очень сильно зависел от добычи в Ливии.

Самая слабая позиция была у «Оксидентал». Она полностью зависела от добычи нефти в Ливии и в трудное время не могла рассчитывать на помощь картеля. Каддафи считал Хаммера самым слабым звеном, с которым будет легче всего договориться. Он недооценивал характер и мастерство Хаммера. Дальнейший ход развития событий показал, что Хаммер в очередной раз переиграл своих более сильных конкурентов.

Ливия начала вести с Хаммером жесткие переговоры. У нее была очень сильная позиция: в случае если «Оксидентал» прекратит добычу нефти, потери Ливии были не большими. А для «Оксидентал» прекращение добычи нефти в Ливии было финансовой катастрофой.

Переговоры с Хаммером вел ближайший помощник Каддафи - Абдул Джеллуд. Он был одновременно премьер-министром, главой службы безопасности и министром нефтяной промышленности. В июне 1970 года Ливия заявила, что ей не выгодна добыча нефти, которую ведет компания «Оксидентал». Разрешение на добычу нефти было сокращено на 40%, с 800 тысяч баррелей в день до 500 тысяч. Через месяц пришел приказ сократить объем добычи еще на 40 тысяч баррелей.

Одновременно с этим ливийская полиция начала задерживать и запугивать служащих компании. Затем пришла информация о том, что 1 сентября 1970 года имущество «Оксидентал» будет национализировано. (2, 215)

Нефтяной бизнес Хаммера был в опасности. Для того чтобы оказать сопротивление Каддафи, Хаммер должен был быть уверенным в том, что он сможет выполнить свои обязательства по поставкам нефти в Европу в случае, в случае если он не сможет добывать нефть в Ливии. Ему нужен был союз с тем, у кого есть свободная нефть.

Хаммер полетел в Нью-Йорк на встречу с президентом с «Exxon» Джеймисоном. Он просил помощи в своей борьбе с Каддафи. Ему нужно было компенсировать возможные потери в добыче нефти в Ливии и поэтому он просил продать ему нефть, добываемую в Саудовской Аравии по себестоимости плюс десять процентов. Если у него не будет помощи от картеля, то он вынужден будет согласиться с требованиями Каддафи по повышению платежей за добычу нефти. Потом Каддафи потребует таких же уступок и от всех других, включая компанию «Exxon».

Джеймисоном обещал подумать над этим вопросом и через две недели сообщил, что «Exxon» готов продавать Хаммеру нефть по рыночным ценам. Надежды Хаммера на то, что враг моего врага может стать моим другом, не осуществились. Картель «Семь сестер» отказал ему в помощи.

Президент компании «Exxon» не понял, что помощь Хаммеру в первую очередь была выгодна его собственной компании. Если бы он помог Хаммеру с нефтью, то Хаммер добился бы лучших условий соглашения и «Exxon» потом пришлось бы идти на меньшие уступки. В сравнении с Хаммером, Джеймисон оказался более слабым руководителем, он не понял комбинации, которую пытался разыграть Хаммер.

До обещанного срока национализации оставалось одна неделя. В этой ситуации Хаммер начал переговоры с Джеллудом. Для того, чтобы спасти свой бизнес в Ливии ему нужно было договориться с противником, у которого была намного более сильная позиция. Он решил действовать также как он поступал в России: «С более сильным нужно договариваться, а не конфликтовать».

Переговоры проходили в Триполи. На дорогах города были блокпосты. Частые проверки документов. В здании, в котором шли переговоры было много людей с оружием. В окружении Джеллуда были сотрудники службы безопасности. На его поясе висела кобура с большим револьвером. В этой стране человеческая жизнь ничего не стоила.

Никогда до этого дня Хаммеру не приходилось вести деловые переговоры под дулом оружия. Правительство Ливии сразу заявило свою позицию: дополнительное увеличение налога на баррель нефти на 40 центов либо национализация имущества компании «Оксидентал» в Ливии.

Напряженные переговоры продолжались всю неделю. Каждый вечер Хаммер улетал обратно в Париж, где ночевал в гостинице. Там он меньше опасался подслушивания и провокаций. Оставаться на ночь в Триполи он боялся из-за возможного ареста. Каждый день он возвращался в Париж в 2 часа ночи и в 6 утра снова вылетал в Триполи.

Ливия угрожала Хаммеру национализацией бизнеса, но ей было более выгодно договориться. Хаммеру также было выгоднее договориться. В результате этих переговоров стороны договорились о том, что доля Ливии в прибыли добычи нефти увеличивается с 50% до 58%, кроме того, цена нефти возрастает на 30 центов за баррель и в последующие пять лет будет ежегодно увеличиваться на 2 цента. В свою очередь, Ливия гарантировала, что не будет требовать пересмотра этих соглашений в течении пяти лет.

Обе стороны выиграли. «Оксидентал» могла спокойно продолжать свой бизнес и в течении пяти лет добывать нефть в Ливии. Ливия создала прецендент и предъявила аналогичные требования ко всем остальным фирмам, добывающим нефть на ее территории.

Как только были опубликованы подробности соглашения «Оксидентал» с Ливией, остальные нефтяные фирмы обвинили Хаммера в предательстве и капитуляции. Те же самые фирмы, которые отказались помочь Хаммеру, поняли теперь, что настала их очередь отвечать на ультиматум Ливии.

Сначала картель «Семь сестер» отказался идти на дополнительные уступки, но затем согласился на все требования Ливии и в течении одного месяца пересмотрел все действующие контракты.

После успеха Ливии, такие же требования к картелю «Семь сестер» предъявили Иран, Ирак, Алжир, Кувейт и Саудовская Аравия. Шах Ирана смог договориться о еще более выгодных для себя условиях. Его примеру немедленно последовали все остальные страны.

В эти дни картель «Семь сестёр» потерял свою мировую монополию на добычу нефти. Если бы президент компании «Exxon» оказался дальновиднее и помог Хаммеру, то все могло бы быть по-другому. После этих событий контроль за добычей нефти перешел в руки стран экспортёров нефти, которые использовали для этого картель «ОПЕК».

Правительство Ливии не выполнило своих гарантий по соблюдению условий соглашения в течении пяти лет. Уже через год, в 1972 году Ливия потребовала сокращения объемов добычи до 425 тысяч баррелей в день, потом в 1973 году — до 354 тысяч баррелей и затем в 1974 году — до 210 тысячей баррелей. Одновременно с этим Ливия требовала повышения налогов.

Повышая налоги и требуя снижения объемов добычи, Ливия нарушала условия действующих контрактов. Хаммер решил, что пора готовиться к прекращению работ в Ливии. Но перед этим, Хаммер решил усилить свою позицию на переговорах с Ливией.

Каким образом он смог это сделать? Ливия вела переговоры с позиции силы и угрожала своим партнерам сокращением объемов добычи нефти. Ливия говорила: «Мы ничего не потеряем, а вы потеряете все. Мы заберем ваше имущество. Ваши инвестиции пропадут». Хаммер решил создать противовес их угрозам. Он решил создать подушку финансовой безопасности.

По условиям контракта Хаммер должен был платить налоги на проданную нефть через шестьдесят дней после ее вывоза из Ливии, а покупатели платили Хаммеру через тридцать дней после получения нефти. В результате тридцатидневного разрыва у Хаммера скапливались крупные суммы денег.

Когда эта сумма достигла 275 млн, Хаммер сообщил Ливии о том, что он намерен обращаться в арбитражный суд. Ливия не обратила на это заявление никакого внимания. На это письмо даже не ответили. Хаммер продолжал отгружать нефть и не отдавать им их деньги. Он обжаловал действия Ливии в международном арбитраже в Париже и предъявил иск на сумму один миллиард долларов.

Таким образом Хаммер пытался гарантировать возврат своих капиталовложений, которые составляли 136 млн и были в два раза меньше, чем 275 млн. Одновременно с подачей иска, Хаммер прекратил выплату налогов правительству Ливии до принятия решения арбитражного суда.

Когда ливийцы поняли, что происходит, сумма денег, удержанных Хаммером, составляла уже 440 млн. Ливия потребовала возвращения этих денег. Хаммер ответил: «Я готов вернуть вам 165 млн, но я оставлю себе 275 млн в залог на случай, если вы конфискуете мои капиталовложения». «Мы считаем, что это справедливо» ответили ливийцы. Хаммер был удивлен. Он никогда не думал, что так просто сможет получить в залог 275 млн долларов.

Эти деньги лежали на счетах Хаммера в течении нескольких лет, и он вернул их только после того, как были сделаны расчеты за имущество, национализированное в Ливии. Хаммер был единственный кому удалось получить оплату наличными в сумме 136 млн. Прибыль, полученная им за несколько лет использования 275 млн, превысила сумму всех инвестиций, осуществленных в Ливию.

Ливия была как пороховая бочка, которая могла в любую минуту взорваться. В середине 1970-х Каддафи национализировал все нефтяные компании, добывающие нефть на ее территории. Единственный, кто ничего не потерял был Хаммер. Ему заплатили долларами. Всем остальным заплатили частично нефтью.

В Ливии Хаммер вновь столкнулся с ситуацией, когда хороший бизнес быстро заканчивается. Он начал готовиться к тендеру в 1965 года, за четыре года до его начала и был признан победителем тендера в феврале 1967 году. Затем он обустраивал буровые, строил нефтепровод и терминал в порту. Отгрузка нефти началась весной 1968 года, и добыча нефти вышла на проектную мощность в конце 1968 года. Многолетний труд и рискованные затраты принесли хороший результат. Все стало работать как часы. И все это рухнуло после свержения короля и прихода Каддафи к власти в 1969 году. Фактически добыча и продажа нефти продолжалась всего пять лет до 1974 года.

Глава 9
Переговоры в Кремле

Никита Хрущев

В 1961 году президентом США стал Джон Кеннеди. Хаммер предложил министру торговли США Лютеру Ходжесу свою помощь в установлении дружеских отношений с СССР. Это предложение было принято и Ходжес дал указание посольству США в СССР оказать Хаммеру необходимое содействие.

В то время Хаммер еще не знал о том, что Хрущев пытался вырастить своего собственного американского Хаммера. На эту роль рассматривали Итона, который был владельцем американской компании «Tower International». Ему было 88 лет. Он работал еще с Джоном Рокфеллером. Сколотив большое состояние, он решил улучшить отношения между США и СССР. В 1957 году он организовал и финансировал проведение первой Пагуошской конференции за разоружение и безопасность.

В Москве Итона принимали как героя. Хрущев показывал ему Москву. Ему была присуждена Ленинская премия мира. Его портреты печатала газета «Правда». В СССР хотел использовать Итона для улучшения советско-американских отношений. Но потом пришли к выводу, что он не подходит на эту роль потому, что является слишком резким критиком американского правительства.

Тем не менее, в начале 1960-ых Итону предлагали заключить контракт на строительство Центра международной торговли в Москве и строительство газового трубопровода в Сибири.

После тридцатилетнего перерыва Хаммер опять поехал в СССР для установления необходимых контактов с советским руководством. В посольстве США Хаммеру показали список советских чиновников, с которыми ему рекомендовали встречи. Среди них не было ни одного высокопоставленного чиновника.

Хаммер сказал, что он хочет встретиться с Микояном. Сотрудники посольства смотрели на него, как на сумасшедшего. «*Это невозможно, Микоян — заместитель Председателя Совета Министров. Он не встречается с обычными американскими бизнесменами. Даже послу США в России не просто с ним встретиться*».

Хаммер ответил, что он много лет знает Микояна и просит передать ему записку с просьбой о встрече. Сотрудник посольства всем своим видом показывал, что это бредовая идея, но он все же послал курьера с запиской Хаммера в секретариат Микояна.

Через два часа в посольство позвонили из секретариата Микояна и сказали, что высылают за Хаммером машину. Посольские работники были поражены. Они никогда раньше не видели ничего подобного. Это было убедительным доказательством того, что Хаммер был не обычным американским бизнесменом.

Так состоялась встреча Хаммера с Микояном. Она прошла в очень дружеской атмосфере. У Микояна с Хаммером было много общего. Они оба были сторонниками компромиссов и всегда пытались договориться. Микоян часто говорил: «*Если будешь твердо стоять на своей позиции, то никогда не сможешь договориться. Нужно уметь уступать. Дать другому получить что-то из того, что ему нужно. Но при этом нужно отвоевать себе что-то важное*».

Микоян выразил желание встретиться с министром торговли США Ходжесом. Он сказал, что Советский Союз хочет развивать торговые отношения с Америкой и готовы дать заказы для США на сумму один миллиард долларов.

На следующий день, 17 февраля, Микоян организовал встречу Хаммера с Хрущевым. Советский лидер быстро перешел к делу. Он держал в руках каталог ангусского стада, который Хаммер оставил у Микояна. Хрущев сказал, что внимательно посмотрел этот каталог и очень заинтересован решить проблему мяса в Советском Союзе. Во время поездки в США он убедился, что американское мясо гораздо более высокого качества. Он хочет, чтобы у советских людей такое же мясо. Хаммер знал, что из недавней поездки в США Хрущев привел подарок двух телок ангусской породы. Поэтому он пообещал прислать Хрущеву свой личный подарок - ангусского быка. Хаммер перевыполнил свое обещание и прислал Хрущеву в подарок двух телок и двух быков ангусской породы.

Хрущев поблагодарил Хаммера за то, что он привел в Советский Союз Форда и помог построить первый современный автомобильный завод. Он сказал, что учился писать карандашами «Хаммера» благодарен ему за то, что Хаммер построил лучшую карандашную фабрику в стране. Хрущев пригласил Хаммера приехать в Москву через шесть месяцев для развития советско-американских отношений.

На следующий день, Хаммера пригласили на прием в Кремле для иностранных дипломатов и Хаммер опять разговаривал с Хрущевым о том, как улучшить советско-американские отношения. После этой беседы, Хаммер отменил свою поездку в Индию и Японию. Он срочно вернулся в Америку, чтобы рассказать министру торговли США и содержании своих разговоров с Хрущевым.

25 февраля Хаммер встречался в Вашингтоне с министром торговли США Ходжесом. Тот уже успел поговорить с послом США в Советском Союзе Томпсоном. Им была непонятно почему Хрущев отказывался принимать американского посла и согласился встретиться с Хаммером. Им было непонятно почему Хрущев разговаривал с Хаммером более откровенно, чем с послом.

Хаммер передал правительству США, что для Хрущева имеет большое значение отмена запрета на продажи советского крабового мяса в Америку. В этом, как и во многом другом, проявлялись культурные различия между ними американскими чиновниками и Хаммером.

Американские политики и чиновники не понимали, что важно для Хрущева, а Хаммер был способен это понять. Он разговаривал с советским лидером, обсуждал с ним различные вопросы и понимал, что имеет для него большее, а что меньшее значение. Снятие запрета с продажи крабового мяса оказалось простым, но эффективным шагом навстречу и позволило продвинуться в других, более сложных и более важных вопросах сотрудничества между двумя странами.

Первая встреча с Хрущевым в 1961 году не принесла Хаммеру практических результатов. Но разговоры с Хрущевым в Москве привели его к мысли о том, чтобы серьезно заняться производством минеральных удобрений, на которых был огромный спрос в Советском Союзе. Принадлежащая Хаммеру нефтяная компания «Оксидентал» начала заниматься минеральными удобрениями

Первым шагом была покупка фирмы по торговле удобрениями «Интерор», через которую проходила продажа более 50 процентов экспорта удобрений из США. Затем купили заводы по производству аммиака, серы. Потом купили в Канаде завод по производству хлористого калия. Последним шагом была покупка месторождений фосфатов. После этих покупок, у Хаммера были все главные составляющие, необходимые для производства минеральных удобрений.

В это время Хрущев объявил о программе развития производства минеральных удобрений, которая должна была увеличить объем производства минеральных удобрений в Советском Союзе с 5 млн тонн до 100 млн тонн.

Хаммер начал искать государственную поддержку для этого проекта. Осенью 1964 года он пытался организовать встречу с Президентом США Джоном Кеннеди. Но эта встреча несколько раз откладывалась и так и не состоялась из-за убийства Кеннеди в 22 ноября 1964 года.

26 сентября 1964 года Хаммер встречался с Хрущевым в Москве. На этой встрече было достигнуто принципиальное соглашение о строительстве

десяти новых заводов минеральных удобрений в Красноярском крае мощностью 50 млн тонн. После подписания соглашения, Хрущев сказал Хаммеру: «Если вы будете успешны в этом проекте, то ваши результаты в Советском Союзе будут намного больше, чем в случае с карандашной фабрикой».

Эти переговоры Хаммер проводил по привычной для себя схеме, согласно которой:

- Сначала нужно найти высокого покровителя в Кремле.
- Затем нужно подготовить предложение, которое было бы интересным для Кремля.
- Потом коммерческое предложение нужно представить как проект выгодный для советского народа.
- После первых предварительных договоренностей нужно публично заявить об огромном успехе.
- И в завершении, найти варианты финансирования проекта.

Как Хаммер осуществил эту схему на практике:

1. Высоким покровителем в Кремле мог стать Хрущев.

С помощью Микояна Хаммер получил прямой выход на лидера Советской власти – Хрущева. У них было несколько встреч. Если бы Хаммер сумел оказаться под крылом Хрущева, то перед ним открылись бы безграничные коммерческие возможности в Советском Союзе.

2. Подготовка предложения, которые было бы интересным для Хрущева.

Таким предложением стал проект строительства десяти новых заводов минеральных удобрений в Красноярском крае мощностью 50 млн тонн. Это предложение полностью совпадало с планами Советского правительства по развитию сельского хозяйства. Хрущев заявил о том, что будет увеличивать объем производства минеральных удобрений в Советском Союзе с 5 млн тонн до 100 млн тонн. Хаммер принес ему конкретное предложение о том, как это можно сделать в кратчайшие сроки.

3. Представить коммерческое предложение как проект выгодный для советского народа.

   Хаммер объявил целью своего проекта «помощь СССР в производстве продуктов питания и повышения уровня жизни советского народа».

4. Публично заявить об огромном успехе.

   Сразу после подписания «соглашения о намерениях», которое на самом деле было ни к чему не обязывающим документом, Хаммер сделал заявление в иностранной прессе об огромном успехе – достижении соглашения с Советским Союзом о строительстве десяти новых заводов по производству минеральных удобрений.

5. Варианты финансирования проекта.

   На следующий день, после достижения принципиального соглашения в Москве,

Хаммер уже был в Лондоне. Он встречался с английскими банкирами и вел переговоры о вариантах финансирования этого проекта. Как всегда, у России были большие амбиции и не было денег на их реализацию.

К сожалению, для Хаммера, через две недели, 14 октября 1964 года Хрущев был смещен со своей должности. В связи с этим событием очень интересна роль Микояна. Он был активным участником свержения Хрущева и прекрасно знал, что дни его сочтены. Одновременно с этим, он сотрудничал с Хаммером и продвигал его проект, зная, что свержение Хрущева лишает этот проект каких-либо шансов на успех.

Уроки бизнеса в России. Это было еще одним подтверждением того, что в Советском Союзе исключительно сложно осуществлять долгосрочные проекты. Периоды нормальных деловых отношений между США и СССР оказывались очень короткими и нестабильными. За коротким потеплением неизбежно следовало резкое и длительное похолодание.

Сместивший Хрущева, Леонид Брежнев был готов поддержать проект минеральных удобрений в 1965 году, но этому помешало обострение военного конфликта во Вьетнаме. После которого советско-американские отношения еще больше ухудшились.

Хаммер попал в полосу неудач. Ему все время мешали политические события, на которые он не мог повлиять. Он безукоризненно делал свою работу и настойчиво продвигался к коммерческой цели и в последний момент политическая ситуация резко изменялась и подготовленные им коммерческие соглашения теряли смысл. Его опыт убедительно показывал, что все значительные коммерческие проекты в Советском Союзе были политическими. Они оказывались возможными только в то время, когда политические отношения между США и Советским Союзом являются доброжелательными.

Леонид Брежнев

В 1969 году президентом США стал Ричард Никсон. По мнению Киссинджера «Никсон был еще большим сторонником реальной политики больше, чем другие президенты». Он отложил в сторону идеологию и начал делать то, что было выгодно для США. С помощью торговых рычагов влияния он хотел изменить внешнюю политику Советского Союза. В ноябре 1971 года Никсон дал начало политике смягчения напряженности и направил торговую делегацию США в СССР. В составе делегации были руководители крупнейших американских компаний «IBM», «GE», «Westinghouse» и «Du Pont».

Во время встречи с американской делегацией, Советский министр внешней торговли Николай Патоличев сказал: «Вы спрашиваете могут ли капиталисты делать успешный бизнес с СССР? Я отвечаю вам – могут! И таким примером является Арманд Хаммер».

В это время, Хаммер уже знал о том, что американского бизнесмену Итону предлагали в Москве два контракта - строительство центра международной торговли в Москве и строительство газового трубопровода из Сибири в Японию. Хаммер встретился с Итоном в США и ознакомился с подробностями этих сделок. Итон был согласен с тем, что у Хаммера было больше ресурсов и опыта для реализации таких сложных проектов в СССР. Хаммер купил контрольный пакет акций компании «Tower International» и сам начал заниматься этими двумя проектами.

В 1921 году молодой Хаммер сделал аномальное предложение о поставке в Россию зерна и благодаря этому получил мощную поддержку самого влиятельного человека в России – Ленина. Этот же самый прием, через пятьдесят лет, Хаммер использовал с Брежневым.

В мае 1972 года должен был состояться первый официальный визит президента США Ричарда Никсона в СССР. Предыдущий визит президента США Дуайта Эйзенхауэра в 1960 году сорвался из-за полета самолета-разведчика Пауэрса.

Во время визита Никсона были подписаны важнейшие политические соглашения: Договор по ПРО и Договор ОСВ-1, Декларация об основах отношений между СССР и США и соглашения по сотрудничеству в науке, медицине, космосе и охране окружающей среды.

Важной частью визита должно было быть подписание деловых контрактов. Самым крупным среди них было соглашение между советским правительством и компанией «PepsiCo» о строительстве в Советском Союзе завода по производству пепси-колы в обмен на эксклюзивное право продавать в США «Столичную» водку.

В это время, Хаммер вел переговоры в Советским Союзом по трем огромным контрактам: обмену минеральными удобрениями, транспортировке природного газа Сибири в Японию и строительстве центра международной торговли в Москве.

В июле 1972 года Хаммер подписал с Советским Союзом пятилетнее соглашение о научно-техническом сотрудничестве. Он хорошо знал, что между подписанием соглашения и его осуществлением может пройти очень много времени. Для того, чтобы быстро реализовать свои проекты ему была нужна помощь Брежнева.

В это время Брежнев не принимал участия в развитии деловых связей и не встречался с американскими бизнесменами. Он ничего не знал о проектах Хаммера в России. Но огромный опыт решения сложных вопросов в Советской России говорил Хаммеру, что для того, чтобы добиться успеха нужно иметь дело с самым большим начальником.

С лидерами Советского Союза у Хаммера была своя отработанная годами модель поведения. Он стремился добиться расположения советских лидеров красивыми жестами и дорогими подарками. Во время визита министра культуры СССР Екатерины Фурцевой в США в 1971 году, он узнал от нее, что в Советском Союзе нет ни одной картины Гойи.

Гойя «Портрет актрисы Антонии Сарате»

Хаммер немедленно воспользовался удобным моментом. Он сказал Фурцевой: «У меня есть две картины Гойи, и я буду рад подарить одну из них советскому народу». Во время своей очередной поездки в Москву в 1972 году Хаммер привез в подарок картину Гойи «Портрет актрисы Антонии Сарате». Через Фурцеву Хаммер пытался установить личный контакт с Леонидом Брежневым.

Фурцева не смогла организовать встречу Хаммера с Брежневым, но достойно ответила на подарок картины Гойи. Она пригласила Хаммера в министерство культуры и сказала: «Мы узнали, что в вашей коллекции нет картин Казимира Малевича. Поэтому мы выбрали одну из лучших картин периода супрематизма, и Советское правительство просит вас принять ее в дар». Это был дорогой подарок. По мнению экспертов картина Малевича «Динамический супрематизм» стоила миллион долларов. Хаммер продал за $750 тысяч долларов.

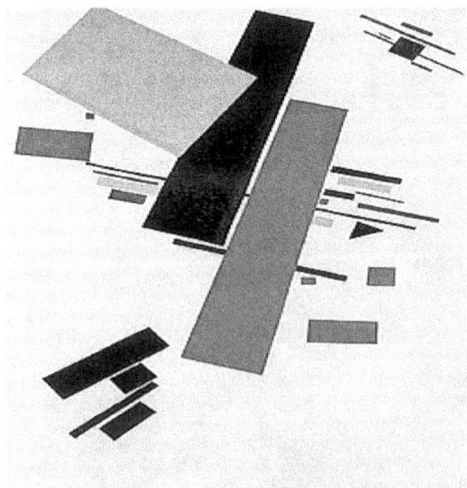

Казимир Малевич Динамический супрематизм. 1915.

У Хаммера были очень хорошие отношения с Фурцевой. Они были полезны и приятны друг другу. Фурцева взяла у него в подарок $100 тысяч долларов, которые она потратила на строительство дачи для своей дочери. Для Хаммера это был пустяк. Эта дача принесла Фурцевой большие неприятности, из-за неё она потеряла свой пост и скоропостижно скончалась в 1974 году.

Для того, чтобы осуществлять свои проекты, Хаммеру нужно было одобрение на самом высоком уровне Советского Союза. Ему нужен был Брежнев. Но как попасть к Брежневу? Хаммер смог решить эту задачу очень изящным способом. Он нашел заграницей несколько оригинальных писем Ленина, купил их и преподнес письма в подарок главному идеологу КПСС – Михаилу Суслову.

Кто-то может сказать, что всё просто. Нет, это не просто. Это выглядит очень просто. Но все это нужно было придумать и осуществить на практике. Это гениальный прием в изумительном исполнении блестящего мастера переговоров.

Во времена Брежнева, Юрий Андропов занимал пост руководителя КГБ с 1967 по 1982 годы. Он был членом Политбюро и являлся одним из самых могущественных руководителей Советского Союза. Деятельность Хаммера не могла пройти мимо его внимания.

КГБ действовало проверенным способом – в ближайшее окружение Хаммера был внедрен сотрудник КГБ Михаил Брук. В 1972 году он стал основным помощником Хаммера в России. В его активе был прекрасный английский язык и опыт работы журналистом. Он много времени выполнял различные поручения спецслужб в США, но из-за повышенного внимания ФБР ему перестали выдавать въездные визы, и он вернулся в Москву. У него были хорошие связи, и он умел решать сложные вопросы.

У Хаммера не было сомнений по его поводу. На вопрос о том, кто такой Михаил? Он отвечал: «Михаил — это человек из КГБ. Он приставлен для того, чтобы следить за мной. Меня это полностью устраивает. Лучше знать о таком сотруднике, чем иметь скрытого агента».

В 1972 году Хаммер дал Бруку список своих пожеланий. Первым вопросом, было получить разрешение на полет в Россию на своем личном самолете. Такое разрешение было выдано при условии, что в кабине пилота самолета будут находиться два советских пилота. Второй пункт, разрешение на прилет в Россию и вылет с упрощенным таможенным и паспортным контролем. Все это было привилегией глав иностранных правительств и таких разрешений никогда не давали частным лицам. Оно было получено без каких-либо специальных условий. Третьим пунктом, было право останавливаться в том номере гостиницы «Националь», в котором в первые годы Советской власти жил Ленин. Брук сумел получить все необходимые разрешения для Хаммера. Без прямой поддержки Андропова это было невозможно.

Хаммер был достаточно опытным человеком чтобы понимать, что Брук далеко не единственный сотрудник КГБ в его окружении. Он привык к тому, что вокруг него много сотрудников одновременно. Об уровне внимания к Хаммеру говорит тот факт, что основным его рабочим контактом с советским правительством был генерал КГБ Джермен Гвишиани.

Джермен Гвишиани был сыном генерал-лейтенанта МГБ Михаила Гвишиани. Он сделал очень быструю карьеру и занял пост заместителя председателя

Комитета по науке и технике при Совете Министров СССР. Одновременно он был действующим генералом КГБ и зятем Председателя Совета Министров Алексея Косыгина. Кроме того, он был родственником с Евгением Примаковым, который был Председателем Правительства России и директором Службы внешней разведки.

Хаммер передал ему письма Ленина вместе со своим письмом, адресованным Леониду Брежневу. В этом письме говорилось, что эти письма — «это подарок Хаммера правительству и народу СССР». Через несколько дней после этого в гостиницу к Хаммеру пришел Гвишиани и сказал, что, так как Брежнев в отъезде, письма Ленина были переданы секретарю ЦК КПСС Михаилу Суслову, который хочет с ним встретиться. Подарок очень понравился Суслову и тот доложил об этом Брежневу. После этого Брежнев написал Хаммеру письмо с благодарностью и пригласил его на встречу.

Во время следующего визита Хаммера в Москву, в феврале 1973 года состоялась его первая встреча с Брежневым. Она продолжалась почти три часа. Хаммер рассказал о своих проектах в Советском Союзе, и Брежнев обещал их поддержать. Речь шла о заключении между Советским Союзом и Хаммером двух крупных сделок. В том числе:

— Ежегодная поставка в Советский Союз фосфатных удобрений стоимостью 500 млн долларов в обмен на поставки в США такого же количество карбамида и аммиака. В рамках этого контракта было предусмотрено строительство завода «Тольяттиазот», строительство трубопровода аммиака из Тольятти в Одессу и строительство припортовых заводов в Одессе для экспорта аммиака и карбамида. Общая смета расходов составляла 17,5 млрд долларов. Начало поставок в 1978 году. Срок действия соглашения - двадцать лет.

- Строительство Центра международной торговли и гостиницы в Москве для обслуживания американских и других иностранных фирм, которым требуются офисные помещения и гостиница. Первоначальный бюджет этого проекта был 110 млн долларов, потом бюджет вырос до 180 млн долларов. В рамках этого контракта Хаммер добился предоставления для СССР кредита в 200 млн долларов. Центр международной торговли и гостиница были построены в 1980 году и названы «Хаммеровским Центром».

Эти контракты были подписаны в Москве осенью 1973 года. Подписание таких гигантских контрактов было очень важным политическим моментом. Но это были бумажные контракты. У них не было реального финансирования. Например, на строительство Центра международной торговли и гостиницы в Москве с бюджетом в 180 млн долларов советская сторона готова была выделить всего лишь 10 млн долларов. Где взять остальные деньги? У Хаммера денег не было. Он посоветовал взять несколько больших кредитов в Америке.

Хаммер предложил взять кредит на контракт по удобрениям в сумме в 180 млн долларов в Экспортно-импортном банке США. Сложность оформления этого кредита заключалась в том, что «Эксимбанк» США еще ни разу не давал крупных кредитов Советскому Союзу. Для выдачи такого кредита нужно было получить разрешение от президента США.

В марте 1974 года Хаммер написал президенту Никсону письмо с просьбой дать разрешение на выделения такого кредита и в мае это разрешение было получено. На следующий день «Эксимбанк» США принял решение о выделении Советскому Союзу кредита в сумме 180 млн долларов. Через короткое время «Эксимбанк» США выделил еще один кредит в сумме 36 млн долларов на строительство Центра международной торговли.

Второй кредит на также на сумму 180 млн долларов в Bank of America был предназначен на строительство Центра международной торговли и гостиницы в Москве.

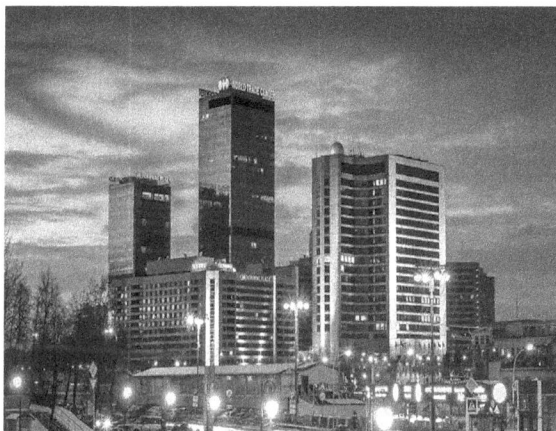

Центр международной торговли
(Хаммеровский центр) в Москве

После получения кредитов в Америке, эти проекты стали реальностью. Но они были больше пропагандой успехов Советского Союза, чем прибыльным бизнесом для Хаммера. Он получал на этих проектах минимальную прибыль. Почему он это делал? Потому, что прибыль уже не была для него главной целью. В это время для него был важнее громкий успех и хорошие отношения с советской властью.

В 1974 году его персональное имущество составляло всего 20 млн долларов. Он не был супербогатым человеком. Но он был исключительно влиятельным человеком. Он мог напрямую обратиться к президентам двух самых влиятельных стран мира, к Никсону и к Брежневу. И они его внимательно слушали. Для Хаммера это было одновременно и богатство, и успех, и власть. Для него это была настоящая жизнь.

У Хаммера с Брежневым сложились теплые дружеские отношения. В 1973 году Брежнев принял участие в посвященной Хаммеру телевизионной программе. В ней он сказал: *«Арманд Хаммер делает очень большое и важное дело. Я помогаю ему, он помогает мне. У нас деловые отношения». (3, 196)*

В 1970-е годы Хаммер подготовил ряд грандиозных проектов в Советском Союзе. В том числе строительство в Поволжье нескольких крупных химических предприятий по производству продукции двойного назначения (химических удобрений и ракетного топлива), а также строительство нефтеперерабатывающих заводов на территории России, Украины и Литвы, в которых на основе западных технологий перерабатывалась советская нефть, а продукты переработки затем экспортировались бы за границу.

На средства, выделенные советским правительством, были построены гигантские заводы в Дзержинске, Лисичанске и Мажейкяе. Для экспорта их продукции был реконструирован Таллиннский порт и построены мощные терминалы в Вентспилсе и Клайпеде.

Этот проект привел к заключению самой большой сделки, когда-либо заключенной между Советским Союзом и иностранной корпорацией, на общую сумму двадцать миллиардов долларов.

Об огромных масштабах этих сделок говорит тот факт, что объем торговли между США и СССР в 1974 году составлял всего сто миллионов долларов. В случае благоприятного развития советско-американских отношений Брежнев говорил о возможности увеличения объема торговли до одного миллиарда в 1980 году. В семидесятые годы его желание, начало сбываться, но из-за афганского кризиса в 1979 году, Хаммер остался единственным американским бизнесменом ведущим большие проекты с Советским Союзом.

В результате заключения этих сделок фирма Хаммера стала самой активной американской корпорацией в Советском Союзе в конце двадцатого столетия.

На завершение сделок по обмену удобрениями и строительству Международного торгового центра ушел еще целый год после первой встречи с Брежневым. Сделки в Советском Союзе заключаются очень медленно.

Леонид Брежнев и Арманд Хаммер

В августе 1978 года было торжественное открытие припортовых заводов в Одессе для экспорта аммиака и карбамида. После этого Брежнев пригласил Хаммера к себе на дачу в Ялту. Брежнев прислал за Хаммером свой самолет. В то время, Хаммер не мог предполагать, что через год Брежнев введет войска в Афганистан и, в ответ на эту агрессию, США наложат эмбарго на торговлю с Советским Союзом.

Конкретная ситуация: *«Американские темпы переговоров»*

После встречи Никсона с Брежневым в июле 1972 года Хаммер был приглашен на прием к Гвишиани. Там Хаммеру показали черновик составленного Гвишиани соглашения на русском языке.

Хаммер просмотрел текст, и сказал, что он согласен. Вынул ручку, вычеркнул слово «черновик» и поставил свою подпись. После этого он вернул документ для подписи Гвишиани, который был явно растерян.

«Разве вы не хотите показать этот документ юристу?» - спросил Гвишиани.

Хаммер ответил, что в этом нет необходимости.

«Разве вы не хотите по крайней мере его обдумать?» — спросил Гвишиани.

Хаммер ответил, что здесь не о чем думать, этот документ готовил Гвишиани, Хаммер не изменил в нем ни слова. «Так вы будете его подписывать?» — спросил Хаммер.

Гвишиани взял ручку и тоже поставил свою подпись.

Проект удобрений для СССР

Одной из сильных сторон Хаммера было умение слушать и учитывать мнения различных специалистов. В

1948 году он встретил в своей художественной галерее сотрудника «АМТОРГ», который был советским специалистом в сельском хозяйстве. Этот человек начал говорить с ним о нехватке продуктов питания в СССР. Это выглядело смешно, сотрудник шпионской организации в США обсуждает проблемы сельского хозяйства СССР. Этот человек сказал, что Советскому Союзу не нужно импортировать продукты питания – это ошибка. Нужно импортировать химические удобрения для того, чтобы выращивать продукты питания на своей земле.

После этой беседы, Хаммер начал думать о поставках минеральных удобрений в Советский Союз. В 1961 году Хаммер впервые предложил построить в СССР завод минеральных удобрений мощностью 50 млн тонн в год. Через 10 лет был подписан контракт на строительство завода «Тольяттиазот» и аммиакопровода Тольятти–Одесса, по которому аммиак поставлялся в порт для транспортировки в США.

«Тольяттиазот»

Строительство завода началось в 1974 году. «Тольяттиазот» проектировался как самый современный химический завод в мире. Он состоял из девяти агрегатов, каждый из которых по мощности производства и составу оборудования являлся большим химическим заводом. Было построено семь агрегатов жидкого аммиака и два агрегата по производству карбамида.

В декабре 1978 года был сдан в эксплуатацию агрегат № 1 по производству аммиака мощностью 450 тыс. тонн в год. На следующий год вступили в строй агрегаты № 2 и 3, а также агрегат по производству карбамида. В 1980-м начали работать еще два агрегата по производству аммиака и один по производству карбамида и завод вышел на проектную мощность. Он стал выпускать два млн тонн аммиака и 700 тысяч тонн карбамида.

В 1981 году было завершено строительство аммиакопровода «Тольятти–Одесса» протяженностью 2,5 тыс. километров. Через аммиакопровод шла транспортировка продукции Тольяттинского азотного завода в США. Это был первый в Советском Союзе и самый длинный в мире аммиакопровод.

Трубопровод строили американские фирмы. Трубы толщиной 8 мм были сделаны по советскому заказу во Франции. В местах повышенной опасности укладывали двойные трубы толщиной 13 мм. Трубы были проложены на глубине 1,4 метра, в два раза глубже, чем глубина нефтепроводов. За 40 лет эксплуатации трубопровода не было ни одной аварии.

Одновременно со строительством трубопровода построили Одесский припортовый завод, мощность перевалки 4 млн тонн аммиака в год. Почти весь аммиак отправлялся в США. Это была первая крупная компенсационная сделка между США и СССР, по которой американская фирма поставила в СССР завод по производству аммиака, а СССР расплачивался за поставленное оборудование произведенной продукцией.

Одесский припортовый завод

Михаил Горбачёв

В 1921 году Хаммер поехал в Россию во время эпидемии тифа на Урале. Он привез с собой дорогой подарок – дефицитные медикаменты. Через 65 лет, 26 апреля 1986 года в СССР произошла ужасная катастрофа – взрыв атомного реактора в Чернобыле и радиоактивное облучение десятков тысяч людей.

Первые дни после аварии информация о ней хранилась в тайне. Архивные материалы показывают, что советские власти считали своей главной задачей не допустить возникновение паники. О спасении людей никто не думал. Население близлежащих городов вышло на праздничные демонстрации 1 мая. Десятки тысяч людей не знали о катастрофе и не принимали необходимых мер безопасности. Через три дня после катастрофы появилось первое сообщение о том, что «На Чернобыльской атомной станции произошел несчастный случай. Один из реакторов получил повреждение».

27 апреля над Швецией появилось радиационное облако и была обнаружена повышенная радиация. Шведы подняли тревогу. Затем радиационное облако накрыло Францию и Португалию. Советские власти скрывали информацию об аварии и отказывались от медицинской помощи США и других стран.

29 апреля Хаммеру позвонил Боб Гейл, который был ведущим американским врачом по пересадке спинного мозга. Он объяснил, что пересадка спинного мозга — это единственный шанс спасти жизнь жертвам радиации в Чернобыле. Гейл предложил свою помощь в лечении облученных больных. Он знал, что Советский Союз отказался от американской помощи и спросил Хаммера может ли он решить этот вопрос?

Хаммер лично знал Горбачева и написал ему письмо о предложении Гейла. В письме было указано, что Хаммер готов оплатить все расходы, связанные с поездкой нескольких лучших американских специалистов в Москву. Через два дня пришел ответ, Москва приняла предложение помощи Хаммера и просила немедленно приступить к его осуществлению.

Хаммер организовал перелет в Москву четырех самых лучших американских специалистов по лечению раковых заболеваний и оплатил все связанные с этим расходы. Гейл передал список нужных медикаментов и оборудования. Все это было куплено в 15 различных странах и отправлено в Москву. Самыми дорогими были три установки для отделения кровяных телец и одна машина — для их счета. Хаммер оплатил покупку и отправку в СССР необходимого оборудования и медикаментов стоимостью миллион долларов. Он был первым, кто оказал безвозмездную помощь Советскому Союзу в это очень трудное время.

Каждый день врачи звонили Хаммеру из Москвы и передавали длинные списки нужного им оборудования и медикаментов. Никогда раньше их требования не осуществлялись так быстро. Никогда раньше у них не было помощника с такими неограниченными финансовыми и организационными ресурсами.

Через несколько дней, Хаммер загрузил свой личный самолет ящиками с медикаментами и оборудованием и вылетел в Москву. В Москве он хотел прямо ехать в больницу, чтобы встретиться с американскими докторами и больными, но советские представители отнеслись к этой идее отрицательно. Они сказали Хаммеру, что это невозможно. Они не знали с кем они имели дело.

Хаммер научился бороться с русской бюрократией за десятки лет до их рождения. Он умел действовать уговорами и угрозами. Он позвонил советскому послу в США Анатолию Добрынину. Через полчаса у дверей больницы Хаммера встречал зам министра здравоохранения.

Официальное обращение Михаила Горбачева было сделано через три недели после взрыва. Горбачев рассказал, что американские врачи, во главе с доктором Гейлом, оказывают огромную помощь в лечении больных и поблагодарил Хаммера за поставки современного оборудования и медикаментов. Советское правительство предложило возместить все затраты, но Хаммер отказался от этого. Он назвал свою помощь безвозмездным подарком советскому народу.

На следующий день Михаил Горбачев встретился в Кремле с Хаммером и Гейлом. Он поблагодарил их за бесценную помощь. После этого был непростой разговор. Горбачев был явно обижен на то, что в западной прессе его обвиняют в утаивании информации об аварии.

Хаммер внимательно выслушал его обиженную речь и вместо того, чтобы возражать или оправдывать критиков из Америки предложил использовать аварию в Чернобыле как путь для возобновления переговоров на высшем уровне с президентом Рейганом.

В этот момент Хаммер вновь продемонстрировал свое широкое видение ситуации и свое уникальное умение найти решение выгодное для всех сторон. В первый момент Горбачев его не понял. Он сказал: «Мы уже встречались с президентом Рейганом. Эта встреча ничего не принесла. Следующая встреча должна быть более продуктивной. Мы должны обсудить конкретные вопросы являющиеся жизненно важными для наших народов».

Хаммер спросил Горбачева: «Какие вопросы с его точки зрения нужно было бы обсуждать на такой встрече?»

Горбачев немедленно назвал список важнейших вопросов, которые могли бы быть основой встречи на высшем уровне. В их числе:

- Запрещение ядерных испытаний.
- Ратификация Договора ОСВ-2.
- Немедленное сокращение ядерных вооружений на пятьдесят процентов.

Михаил Горбачев и Арманд Хаммер

Хаммер взял на себя обязательство передать эту информацию президенту Рейгану.

Через неделю Хаммер встречался в Вашингтоне с государственным секретарем США Джорджем Шульцем. Он подробно рассказал ему о разговоре с Горбачевым и возможной повестке дня встречи на высшем уровне. Шульц поддержал такую повестку и сказал, что он будет обсуждать этот вопрос с министром иностранных дел Шеварднадзе.

Трагедия Чернобыля в очередной раз доказала, что отдельные личности могут изменять ход истории. Первой реакцией на события в Чернобыле были страх и злоба. Так реагировали с обеих сторон. Запад был испуган последствиями катастрофы и считал Советский Союз виновным в том, что он скрыл достоверную информацию о катастрофе. Советский Союз был обижен на реакцию Запада и на ту критику, которая высказывалась в его адрес.

Хаммер был первым, кто оказал своевременную и бескорыстную помощь Советскому Союзу. В очередной раз, он оказался в нужном месте, в нужное время. Помощь Запада изменила настроение советского руководства. Горбачев понял необходимость рассказать правду о катастрофе своим гражданам и всему миру. Вместо усиления конфронтации он сделал шаг навстречу и начал обсуждение условий сотрудничества с президентом США Рейганом.

Хаммер всегда смотрел шире любой конкретной ситуации. В Чернобыльской катастрофе он увидел шанс на встречу мировых лидеров: Горбачева и Рейгана. Он сразу поднял этот вопрос перед Горбачевым и получил от него предварительное согласие. Затем он передал эту информацию людям близким к Рейгану и обсудил с ними перспективы, которые открывала встреча в верхах.

Все это значительно ускорило организацию встречи на высшем уровне, которая состоялась в Рейкьявике в октябре 1986 года. Руководители Советского Союза и Соединенных Штатов встретились и начали обсуждение вопросов сотрудничества.

Глава 10
Как Хаммер вел переговоры в Советской России

Почему Хаммер добился успеха в России?

В 1921 году началась и в 1930 году закончилась первая часть жизни Хаммера, связанная с Советской Россией. Она длилась десять лет, восемь из которых он прожил в Москве. Хаммер выучил русский язык, учредил две концессии одну на Урале по добыче асбеста, другую в Москве по изготовлению карандашей. Два года Хаммер был торговым представителем России в США и добился больших успехов. За время жизни в России Хаммер научился искусству вести деловые переговоры и получил опыт успешного ведения бизнеса.

Хаммер приехал в Россию молодым неопытным человеком и за десять лет прошел огромный путь. Он стал самым известным и самым успешным американским бизнесменом в Советском Союзе. Его имя знала вся страна. Все советские школьники писали карандашами, на которых стояло его имя – Арманд Хаммер. В Советском Союзе он стал символом успеха и богатства. Он встречался с Лениным и привел в Россию Генри Форда. Хаммер стал важной частью советской истории.

Почему Арманд Хаммер добился таких огромных успехов во время своей первой поездки в Россию? Он сумел мастерски использовать открывшиеся перед ним деловые возможности, связанные с текущей политической и экономической ситуацией в России.

Сложность политической ситуации заключалась в том, что России нужны были западные товары и современное оборудование. Но Запад не признавал Советскую Россию и не хотел с ней торговать. Советским торговым представителям запрещено было жить и работать в Америке. Именно поэтому, Россия нуждалась в «Хаммерах», американских бизнесменах, которые готовы были сотрудничать с Советской властью.

Сложность экономической ситуации заключалась в том, что России нужны были иностранные кредиты и инвестиции. У нее не было достаточно денег для того, чтобы покупать предметы первой необходимости. Поэтому, Россия нуждалась в «Хаммерах», богатых американцах, которые готовы были инвестировать свои собственные средства в сотрудничество с Советской властью.

Сложность идеологической ситуации заключалась в том, что Россия официально заявляла, что не будет иметь дел с капиталистами потому, что они были ее идеологическими врагами. Она хотела иметь дела с коммунистами, живущими в странах Запада, в первую очередь в Америке. Поэтому, Россия нуждалась в «Хаммерах», американских коммунистах, которые могли быть надежными деловыми партнерами для Советской власти.

Хаммеру повезло в том, что в то время у России были значительно больше интересов на Западе, чем у Запада в России. Хаммер сумел воспользоваться этой благоприятной ситуацией. При условии нормальных экономических отношений необходимость таких людей, как Хаммер была бы намного меньше.

В дополнение к этим объективным факторам, у Хаммера оказались очень сильные позиции в неформальных контактах с высшими руководителями Советской России. Отец Хаммера был лично знаком с Лениным, а друг их семьи Мартенс, выполнял прямые поручения Ленина и имел с ним доверительные отношения. Кроме того, Мартенс остался должен семье Хаммеров деньги за оборудование, поставленное в Россию из Америки.

В результате всего этого, у Хаммера оказалась удивительная комбинация «РЕПУТАЦИИ СВОЕГО ПАРНЯ», он был сыном руководителя компартии США и его поддерживали люди, имевшие прямой контакт с Лениным, а также деловых возможностей «БИЗНЕСМЕНА ИЗ АМЕРИКИ», как богатый американец Хаммер мог решать в Америке такие вопросы, которые не могли решать обычные представители Советской России.

Да, у Хаммера был шанс открыть дверь в высокий кабинет. Дальше все зависело от его умения вести разговор с хозяином кабинета и договариваться. Хаммеру несказанно повезло, что у него состоялась встреча с Лениным. Если бы не коммунист отец и не протекция Мартенса, то Ленин бы Хаммера не принял. Но если бы не природный талант Хаммера, то их разговор не длился бы четыре часа и закончился бы гораздо раньше. Если бы на месте Хаммера был бы любой другой американец, то они бы с Лениным ни о чем не договорились.

Хаммер сумел очень эффективно использовать то, что у Советской власти был долг перед его семьей за поставленное и неоплаченное оборудование. Из-за этого долга, Хаммер приехал в Россию. Это была его главная цель. Попытки решить этот вопрос ни к чему не привели. Очень быстро ему стало понятно, что этот вопрос можно было решить только на самом верху.

И вот Хаммер попадает в кабинет человека, который может решить его вопрос. Они обсуждают различные проекты, интересующие Ленина. Советский вождь предлагает Хаммеру участвовать в различных коммерческих проектах. Казалось бы, такая беседа — это идеальная возможность решить проблему существующего долга. Нужно всего лишь напомнить Ленину о том, что по просьбе Советской власти на деньги семьи Хаммера в Россию было поставлено оборудование, которое не оплачено до сих пор. И Хаммер сознательно не использовал эту возможность. Он решил, что заработает иначе и заработает намного больше.

Чисто интуитивно Хаммер принял правильное решение. Он понимал, что должники испытывают два разных чувства к тем, кому они должны деньги. С одной стороны, это чувство неудобства и желание заплатить долг или же помочь в чем-то другом вместо того, чтобы вернуть долг. Значительно более часто — это чувство раздражения и желание прекратить контакты с тем, кому они должны. Первое испытывают к тем, кто не слишком назойлив. Второе испытывают к тем, кто постоянно напоминает о существовании долга.

В первое время, у Хаммера было еще одно очень важное преимущество – он был «человеком со стороны», он был «ничьим» и поэтому очень быстро он стал «своим человеком» для Ленина.

Это же преимущество превратилось в огромный недостаток после прихода к власти Сталина. Хаммер мгновенно стал «чужим человеком» для нового вождя. Большая часть вины за это лежит на самом Хаммере. Единственный раз, за всю свою жизнь, он сделал неправильный выбор в России и поставил не на победителя, а на проигравшего. Он считал, что на смену Ленину придет, хорошо знакомый его семье, Троцкий. Сталин такие ошибки не прощал и сурово наказывал за них. Очень быстро Хаммер потерял весь свой бизнес в России.

У Хаммера был бойцовский характер

У Хаммера был боевой характер. Он не боялся браться за новые бизнесы, в которых у него не было никаких опыта и знаний. Он бесстрашно брался за решение любой задачи: добыча асбеста, поставки зерна, продажа предметов искусства, поставки тракторов, производство карандашей, финансовые операции, изготовление лекарств, поставки медикаментов, радиостанции, разведение породистого скота, добыча нефти, строительство трубопроводов для перекачки нефти. Он не разу не отказался от нового бизнеса и не разу не потерпел неудачи. Для него не была неразрешимых ситуаций, он даже из поражений выходил как победитель. Он был рожден для успеха.

У Хаммера была удивительная природная хватка. У него не было опыта ведения переговоров, и он не знал, как их нужно вести правильно. Но он интуитивно делал правильные вещи.

Во-первых, он очень внимательно слушал и пытался разобраться в чем нуждается другая сторона. Он быстро находил ключевое звено. Так, например, Хаммер сумел сопоставить два не связанных между собой факта: в России люди умирают от голода, а в Америке фермеры сжигают зерно из-за огромного урожая. У фермеров в США есть излишки зерна по низким ценам, а населению в России немедленно нужен хлеб. Значит нужно, чтобы кто-то купил это зерно в Америке и привез его в Россию. Это могло быть выгодным бизнесом и это мог сделать Хаммер, у него были для этого достаточные средства.

Хаммер очень быстро находил болевые точки Советской власти. Сначала это были поставки зерна, потом сбор денег для родственников американцев в России, затем роль торгового и финансового посредника в торгово-экономических отношениях между Россией и Америкой. Затем было производство карандашей в Москве.

Со стороны, все выглядело очень просто. Например, в России был большой спрос на графитовые карандаши и не было хороших карандашей в продаже. В магазинах их продавали по цене в пятьдесят копеек, что было равно двадцати шести центам. Но даже по такой цене, карандашей в свободной продаже не было, их продавали из-под прилавка по двойной цене. В Америке такой карандаш стоил бы три цента.

Хаммер решил взяться за организацию производства карандашей в России. Через год на свои собственные деньги он построил в Москве самый современный завод по производству графитовых карандашей. В первый год фабрика изготовила продукции на два с половиной миллиона долларов, и цена карандашей была уменьшена в десять раз. Фабрика Хаммера не только полностью удовлетворила спрос в России, но и стала экспортировать продукцию в Англию, Китай и Иран. Россия стала экспортером графитовых карандашей. Хаммер был первым, кто смог сделать такое на практике.

Во-вторых, он имел дело только с первыми лицами, только с теми, кто имел самые большие полномочия и от кого реально зависело решение нужных ему вопросов. Хаммер поднял это правило на недосягаемую высоту. Он имел дело не просто с первыми лицами: президентами компаний и министрами. Он имел дело только с мировыми лидерами – с генеральными секретарями правящих партий и президентами стран. У него были самые могущественные в мире друзья и враги. И теми, и другими он мог уверенно гордиться.

В-третьих, он сначала предлагал решения проблем для других и только после этого спрашивал то, что было нужно ему самому. Он приехал в Россию для того, чтобы получить долг за поставленные медикаменты и не смог решить эту сложную задачу. Он очень быстро понял, что долг не только нельзя получить, но о нем нельзя даже упоминать. Вместо этого, Хаммер решил десятки других задач, которые принесли ему значительно лучшие результаты.

В-четвертых, у Хаммера был более широкий и более глобальный подход к решению вопросов, чем у других бизнесменов того времени. Он решал вопросы фундаментально. В случае с карандашной фабрикой, он привез в Москву и оборудование, и технологический процесс, и квалифицированные кадры из Германии.

Ни до него, ни после него, никто не смог сделать ничего подобного. Он создал фабрику, которая стабильно и успешно работала после него шестьдесят лет.

В-пятых, Хаммер всегда пытался делать не просто одноразовый бизнес, он пытался выстраивал долговременные взаимовыгодные отношения. Он делал все для того, чтобы его партнеры получали стабильную выгоду и сейчас и в будущем.

В-шестых, Хаммер всегда сам знал, где и как он сможет заработать. Он никогда не просил помочь ему заработать. Он просил, чтобы ему не мешали и дали возможность работать. Хаммер умел зарабатывать сам и давал возможность заработать многим другим.

В-седьмых, он любил рисковать. Он умело блефовал и готов был брать на себя ответственность за результаты своих проектов. Хаммер не боялся самых масштабных проектов. Он не допускал, что у него что-то может не получиться. Точно также, без страха действовала небольшая группа конкистадоров в составе 500 воинов, которая завоевала империю ацтеков численностью в 12 млн. человек. Во время прямого столкновения с армией ацтеков, численностью более ста тысяч человек, испанцы победили за счет своего преимущества в вооружении и военном мастерстве.

И последнее, всю свою жизнь Хаммер выглядел как значительно более богатый и более влиятельный человек, чем он был на самом деле.

В Америке Хаммера часто спрашивали: «Что нужно делать для того, чтобы добиться успеха в России?» На этот вопрос Хаммер отвечал: *«Самое главное условие успеха России — это сотрудничество с властями. Без сильной поддержки властей бизнес в России невозможен. В этой стране не нужно терять время и пытаться решать вопросы с маленькими чиновниками, нужно сразу идти к тем, кто находится на вершине власти. Лучше всего решать вопросы с самым главным руководителем».*

Хаммер понял, что в России очень важно уметь правильно вести себя и в случае успеха, и в случае неудач. Нельзя признавать поражение и оправдываться. Нельзя соглашаться, что твоя идея привела к неудаче. Нельзя признавать себя виновным. Наоборот, нужно идти в более высокие кабинеты с новой еще более масштабной идеей.

Как в России объясняют причины неудач? Очень просто: причины неудач являются результатом действия врагов Советской власти и сложившихся обстоятельств. Как бы ни развивались события, Хаммер всегда говорил о победе и выглядел как победитель.

Стиль ведения переговоров Хаммера

Уникальный стиль переговоров Хаммера сформировался в России. Он не имел профессиональной подготовки в проведении переговоров и учился на своих ошибках. Хаммер очень много делал интуитивно. У него было три слабых места: отсутствие профессиональных знаний в тех бизнесах, которыми он занимался. Отсутствие денег для финансирования своих проектов в России. А также слабое знание русского языка.

Его самым слабым местом было отсутствие профессиональных знаний в тех вопросах, которыми он занимался. Он не был специалистом в добыче асбеста, он не был нефтяником, он ничего не знал о производстве графитовых карандашей, он не разбирался пушнине, тракторах, в картинах и предметах искусства. Он не был экспертом ни в одном из этих вопросов и это не мешало ему заключать выгодные сделки. Своими высокими практическими результатами он доказал, что это не главное.

Хаммер компенсировал недостаток своих знаний тем, что нанимал к себе на работу самых сильных специалистов. Он давал экспертам ответственные должности, большую самостоятельность и высокую зарплату. Он нанимал самых лучших специалистов и платил им больше, чем платили другие. Это было важной основой его успехов.

Конкретная история*: «Если он будет делать бизнес со мной, то станет богаче». Однажды Хаммер купил компанию «Best Fertilizers», которая была в полтора раза больше, чем его компания «Occidental». Он оставил ее бывшего хозяина на посту президента «Best Fertilizers» и ввел Ларри Берри в состав совета директоров Occidental.*

На вопрос: «Были ли переговоры о покупке этой компании очень трудными?» Хаммер ответил: «Я заплатил Берри высокую цену. Сегодня он стал намного богаче, чем был вчера и он знает, что, делая бизнес вместе со мной, он станет намного богаче».

Вторым слабым местом Хаммера было отсутствие денег для осуществления проектов в России. Все свои проекты он делал на чужие деньги. Хаммер не повторял свои ошибки два раза. Одного урока для него было достаточно. Случай с неоплаченным долгом за поставки медикаментов и оборудования на всю жизнь отбил у него желание финансировать проекты с Россией. Он помогал в получении кредитов, но своих денег никогда больше не вкладывал.

Еще одним слабым местом Хаммера было плохое знание русского языка. Хаммер родился в семье иммигрантов из России. Его родным языком был английский. В Москве Хаммер начал учить русский. Он занимался по англо-русскому словарю и заучивал сто русских слов в день.

Однажды, когда его русский язык был еще очень плохим, Хаммера попросили выступить на митинге на Урале. Он произнес речь, после которой последовали громкие аплодисменты. После выступления Хаммер был очень доволен и сказал сидевшему рядом с ним Мартенсу: «*Я рад, что никто не смеялся над моим плохим произношением и все поняли, что я хотел сказать*». «*Поняли? — засмеялся Мартенс. — Ничего они не поняли. Они думали, ты говорил по-английски. Слышишь шум? Это они просят перевести твою речь на русский язык*».

За многие годы жизни в Москве, Хаммер неплохо освоил русский язык и мог на нем объясняться, но это было далеко от свободного владения русским языком.

Почему Хаммер добился таких выдающихся результатов в Советском Союзе? В чем секрет его успеха? Он доверял своей интуиции и любил рисковать. Не боялся принимать ответственные решения. Четко и в срок выполнял взятые на себя обязательства. Он решал свои задачи и искал решения выгодные для своих партнеров. Он умел держать язык за зубами. Его жизнь доказала, что он был большим мастером переговоров! Во многих сложных ситуациях, он находил правильные решения и очень часто делать невозможное. У него нужно этому учиться.

Хаммер мастерски использовал эффект «расширения покровительства». Он договаривался с большими руководителями по одному вопросу и умело переносил эту договоренность на другие, не связанные с этим вопросы. Например, он пользовался покровительством Дзержинского при освоении концессии по добыче асбеста. Какого-то железнодорожного начальника расстреляли прямо на его рабочем месте за то, что он вымогал взятку у Хаммера. Это был разовый случай. Но он получил широкую известность. Хаммер сделал так, чтобы эта информация стала широко известна, и другие чиновники были бы в полной уверенности того, что Дзержинский покровительствует Хаммеру и по другим вопросам. Никто не отважился проверить: правда это или нет. Все считали попытку такой проверки слишком опасной и принимали это на веру.

Всю свою жизнь Хаммер действовал в Советском Союзе по одной и той же схеме. Сначала он искал выигрышный проект. Что-то такое, что было очень важно для Советской власти и одновременно выгодно для Хаммера. Первым проектом была поставка зерна в голодающую Россию без предварительно оплаты. Кто мог отказаться от такого предложения? Никто. С этим все были согласны. Эта идея катапультировала Хаммера на самую вершину Советской власти. В нем заинтересовался высший руководитель советского государства - Ленин.

В то же самое время, спецслужбы подкинули Хаммеру свою проблему: сбор денег в Америке для передачи родственникам в России. Хаммер не знал тонкостей этого вопроса. Он не видел в нем двойного и тройного дна. Он не понимал, что деньги будут использоваться совершенно иначе, что на них будет финансироваться шпионская деятельность. Он оказался удобной фигурой для осуществления этой важной для спецслужб операции. Таким образом,

Хаммер получил в России еще одного исключительно влиятельного покровителя - Дзержинского.

Следующей выигрышной идеей была организация торговли с Америкой. Россия нуждалась в американских товарах. Кто-то должен был взяться за организацию этого процесса. Чья это была идея? Ленина! Хаммеру повезло в том, что он оказался в нужное время в нужном месте. Он был очень подходящим кандидатом для организации советско-американской торговли.

В 1921 году на Хаммера неожиданно пролился дождь выигрышных идей: поставки зерна в голодающую Россию, первая американская концессия в России, сбор денег в США для родственников в России, организация торговли между Россией и Америкой. Все эти проекты вели его к Ленину и Дзержинскому.

Хаммер взялся за все эти проекты одновременно. Он либо не понимал сложности этих проектов, либо считал себя способным выдержать эту огромную нагрузку. После того как были решены принципиальные вопросы сотрудничества с Лениным, все остальные детали этих проектов оказались несущественными и стали простой формальностью.

Все четыре проекта реализовались в исключительно короткое время и оказались выгодными для Советской власти и Хаммера. После этого произошла утрата покровителя в Кремле. Смерть Ленина имела двойной эффект для Хаммера.

Во-первых, он потерял своего влиятельного покровителя и в течении нескольких лет потерял весь свой бизнес в России. Четко сработало правило ведения бизнеса в России: без влиятельного покровителя большой бизнес в России невозможен.

Во-вторых, сработало еще одно правило: чем выше уровень прежнего покровителя, тем сложнее договориться с новыми лидерами. Сталин не любил Ленина и перенес свои негативные эмоции на всех тех, кто был к нему близок. Возможно, что в другой ситуации Сталин бы использовал такого удобного человека как Хаммер. Но фактор Ленина сыграл против. Пока был жив Сталин, у Хаммера не было перспектив в России. Если бы не близость со спецслужбами, то его выкинули бы из России значительно быстрее.

После отъезда из Советского Союза в 1930 году, Хаммер вернулся в Москву только через тридцать лет, после смерти Сталина. В 1961 году Хаммер подготовил проект, который должен был быть интересным для Хрущева.

Хрущев заявил о том, что для подъема сельского хозяйства Советскому Союзу нужны минеральные удобрения. Он поставил задачу увеличить производства минеральных удобрений в Советском Союзе с 5 млн тонн до 100 млн тонн. Хаммер подготовил для него конкретное предложение, которое можно было осуществить в кратчайшие сроки. Это было детально разработанное предложение о строительства десяти новых заводов минеральных удобрений в Красноярском крае мощностью 50 млн тонн. Почему у Советского Союза нашлись деньги на эту очень дорогую программу? Потому, что эта программа была с двойным дном. Эти же самые заводы изготавливали ракетное топливо и имели огромное военно-стратегическое значение.

После того как было подготовлено интересное предложение по минеральным удобрениям, Хаммер начал искать прямой выход на Хрущева? В этом ему помог его старый знакомый Микоян. Он организовал встречу с Хрущевым и сделал так, чтобы она прошла в дружественной обстановке. Хаммер начал разыгрывать привычную для себя комбинацию, но у него было мало времени для решения необходимых организационных вопросов. Судьба Хрущева была уже предрешена и в 1964 году власть перешла к Брежневу. Микоян был активным участником свержения Хрущева.

Любой свой проект в Советском Союзе Хаммер начинал с поиска высокого покровителя в Кремле. Сначала им был Ленин, потом Микоян, затем Хрущев, после них покровителем Хаммера стал Брежнев.

Какие выводы можно сделать на примере опыта переговоров Хаммера в Советском Союзе?

- В первую очередь нужно заниматься проектами, у которых, может быть, поддержка высших руководителей Советского Союза. Они должны видеть, что этот проект приносит большую пользу и им выгодно его поддерживать.
- Переговоры нужно вести с теми, кто находятся на вершине власти и имеют право принимать важные решения.
- В начале нужно договариваться о принципиальном решении вопроса в целом, а уже потом согласовывать отдельные конкретные вопросы.
- Успех в России зависит от возможностей финансирования. В России никогда нет денег. Тот, кто приносит финансирование, тот выигрывает на переговорах.
- Нужно быть полезным для тех, с кем вы ведете деловые переговоры. Если вы полезны другим в решении их вопросов, то они могут помочь вам в решении ваших вопросов.

- Переговоры нужно начинать с предложений, их нельзя начинать с просьб. Сначала нужно предложить другим то, что им нужно. А уже затем получать от них всё то, что нужно вам.
- Все важные вопросы в России обсуждаются заранее и важные решения принимаются в неформальной обстановке.
- Самые лучшие результаты на переговорах получаются тогда, когда переговоры являются взаимовыгодными. Каждый получает то, что ему нужно.

Правила ведения бизнеса в России

Хаммер был очень талантливым учеником. Он делал правильные выводы из своего опыта и тех, уроков, которые давал ему бизнес в Советском Союзе. Очень быстро он понял, что советский бизнес не похож ни на какой другой, что в нем действуют, свои особенные, советские правила ведения бизнеса. Хороши они или нет, не имеет большого значения. Главное, что эти правила существуют и их нужно понимать и ими нужно уметь пользоваться. В чем заключаются эти правила?

1. Россия страна огромных возможностей. В ней возможно то, что невозможно в других развитых странах.

Российская традиция: «В России всё продается и всё покупается. У каждого вопроса есть своя цена. То, что нельзя купить за деньги, можно купить за большие деньги».

2. Для успеха в России нужны личные связи с властью и надежная защита. Чем лучше бизнес, тем больше желающих его отнять. Самые важные бизнесы контролируются и защищаются Кремлем.

   Российская традиция: «Хочешь делать бизнес в России? Плати за свое существование!»

3. Самая большая опасность для успешного бизнеса исходит от тех, кто его защищает. Рано или поздно они попытаются забрать этот бизнес себе.

   Российская традиция: «Кто с чем связан на своей работе, тот это и ворует».

4. В России не считают нужным выполнять свои обязательства и платить долги. Платят только тем, от кого зависят и кого боятся.

   Российская традиция: «Не нужно выполнять свои обязательства до тех пор, пока вам не заплатили. За то, что уже сделано, потом денег не платят».

5. В России имеют дело только с теми, кого хорошо знают и доверяют.

   Российская традиция: «Там, где есть наличные деньги, там нельзя доверять никому».

6. Все хорошее в России очень быстро заканчивается. Поэтому все важное нужно успеть сделать сегодня, завтра уже может быть поздно.

Российская традиция: «Нельзя откладывать на завтра то, что можно украсть сегодня».

7. В России нельзя признавать себя виновным, нужно уметь оправдываться. Нельзя соглашаться, что твоя идея привела к неудаче. Нужно предлагать другую еще более масштабную идею

Российская традиция: «Причинами неудач в России являются действия врагов Советской власти и неблагоприятные обстоятельства».

Хаммер говорил о своем опыте ведения бизнеса в Советской России: *«Я рискую и позволяю себе быть смелым. Чем смелее я действую, тем больше денег я зарабатываю».* (5, 31)

Для чего Хаммер был нужен Советскому Союзу? Польза от сотрудничества с ним была бесспорной и очевидной. В том числе:

- Пропаганда удачного бизнеса в России. Успех бизнеса Хаммера в России был агиткой – примером для других. Сначала в 1920-ых, а потом в 1980-ых годах.
- Хаммер помогал получать Советскому правительству большие кредиты в банках США.
- Лоббирование интересов СССР в США. Хаммер активно и публично защищал интересы СССР. Он публиковал статьи и выступал на слушаниях в конгрессе США.
- Он имел персональные контакты со многими президентами США, влиятельными сенаторами и бизнесменами. Через него можно было неформально решить различные деликатные вопросы.

Четыре главные страсти Хаммера

В жизни Арманда Хаммера были четыре главных страсти: власть, деньги, слава и женщины. Власть, деньги и женщины были ему интересны при жизни. Слава была важна для него после смерти.

Его первой и самой сильной страстью была власть. Она удалась ему в полной мере. Он сам никогда не был не вершине власти, но умело пользовался властью своих могущественных друзей в России, Китае и в США. Он умел получать выгоду от огромной власти своих партнеров и покровителей. Никто кроме него не имел таких хороших личных отношений с большим числом первых руководителей ведущих стран мира, США, Китая и СССР. Он привык обращаться к ним напрямую и решал с ними вопросы, которые не мог решить никто другой.

В Советской России он мог сделать больше, чем любой другой иностранец за всю историю существования этой страны. Он мог решить любой самый сложный вопрос. Он мог уничтожить любого чиновника, который вставал на его пути. Его боялись и уважали, и для этого были самые серьезные основания. Он реализовал русскую мечту из народной сказки: «Иванушка-дурачок стал Иван-царевичем». После встречи с Лениным он стал очень могущественным человеком.

Для чего ему нужно было быть рядом с властью? Для того, чтобы делать большие деньги. Он понимал, что самые прибыльные проекты и самые большие деньги контролируются государством. Поэтому он стремился попасть на самую вершину власти к тем, кто принимал самые важные решения.

Хаммер сначала принципиально договаривался с властью, а потом уже решал все конкретные вопросы. Таким образом он поступал во всех странах, где он вел свой крупный бизнес. В Москве он договаривался с советскими лидерами Лениным, Хрущевым и Брежневым. В Пекине с китайским лидером Дэн Сяопином, в Лондоне с английским премьер-министром Маргарет Тэтчер, в Триполи с ливийским королем Идрисом, в Вашингтоне с американскими президентами Рузвельтом, Никсоном, Фордом и Рейганом.

В этих вопросах ему не было равных. Он умело находил ключи к сердцам и кошелькам великих людей— сыновья, деньги, подарки, обещания, лесть. Все, что угодно. Его арсенал был безграничным. Хаммер знал всех сильных мира сего, и все знали его.

Хаммера знали пять президентов США и семь первых руководителей Советского Союза. Они относились к нему по-разному, но они его хорошо знали. Их было много, а он был один. Американские президенты и советские генеральные секретари приходили и уходили, а он оставался и скорбно присутствовал на их похоронах.

Благодаря своим связям и умению договариваться с действующей властью Хаммер получил заказы на строительство газопровода из Сибири в Японию, разработку месторождений угля в Китае, поставку химических удобрений в Советский Союз, добычу нефти в Ливии, Венесуэле и Англии.

Второй его страстью были деньги. Эта страсть удалась ему в еще большей степени. У него было очень много денег. Он начал с нуля и стал мультимиллионером. Он тратил много денег на свои удовольствия и еще больше зарабатывал. Деньги не были для него самоцелью, они нужны были ему для развития новых бизнесов и для получения удовольствия от жизни.

Хаммер был знатоком человеческих душ. Он считал, что с помощью денег можно решить любой вопрос.

Конкретная ситуация: *«Пусть ваш сын сделает сам свой выбор»*

В состав империи Хаммера входило много различных компаний. Однажды Хаммер решил совершить поездку на завод химических удобрений, принадлежащий одной из его компаний. Он позвонил президенту этой компании Дону Байдеру и пригласил его поехать вместе с ним. Байдер отказался из-за того, что в эти же дни он обещал сыну присутствовать на церемонии окончания его обучения в школе.

Через час Хаммер перезвонил Байдеру и предложил ему: «Спроси у своего сына может быть он освободит тебя от этого обещания если я подарю ему 35 акций моей компании стоимостью в одну тысячу долларов в качестве подарка по поводу его окончания школы?»

Байдер поблагодарил Хаммера за такое предложение, но отказался его принять. Хаммер возразил: «Пусть твой сын сам примет решение. Позвони ему».

Услышав это предложение, сын сказал: «Что он очень хочет видеть отца во время торжественного вечера, но он предпочитает получить акции». Сын принял предложение Хаммера.

Узнав об этом решении, Хаммер сказал: «В мире нет ничего такого, что нельзя купить за деньги».

Хаммер сделал себя сам. Он реализовал Американскую мечту – добился всего, чего он хотел в своей жизни своим собственным трудом. Чем старше он становился, тем меньше значения для него имели деньги. Он осуществлял свои грандиозные проекты ради престижа и славы.

Его третьей страстью были женщины. Они были его музой. Женщины вдохновляли его и давали ему эмоциональные силы. Эта страсть реализовалась в полной мере. Он любил женщин всю свою долгую жизнь. У Хаммера было три жены и сотни любовниц в разных странах мира. От этих женщин у него было много детей. Он не был уверен, что это его дети. Он много лет сомневался в том, что является отцом своего единственного сына. Последняя любовница у него была, когда ему было девяносто лет.

Из-за того, что Хаммер очень много тратил денег на жизнь и благотворительность, он не оставил своим детям большого состояния. Его завещание стало неприятным сюрпризом для его наследников. Почти все, что у него было он потратил. В последние годы его жизни в России был разгул преступности и был модным лозунг: «Нужно жить весело и умереть молодым». Хаммер доказал всей своей жизнью, что еще лучше: «Хорошо прожить долгую жизнь весело и умереть старым».

Чем старше становился Хаммер, тем больше он задумывался о том, что он оставит после себя. Будут ли люди помнить о нем после его смерти или забудут также, как забывают других. Хаммер потратил десятки миллионов на благотворительность. Он финансировал строительство медицинских Центров по борьбе с раковыми заболеваниями. Финансировал оказание медицинской помощи во время катастрофы в Чернобыле. Он создавал художественные музеи. Хаммер хотел оставить после себя добрую память. С возрастом это становилось для него все более и более важным.

Так поступают лишь немногие богатые люди. Большинство богатых этого не делают. У многих богатых людей денег намного больше, чем они могут потратить. Их богатства могли бы принести много пользы и облегчить много страданий. Но, увы, они продолжают увеличивать свои состояния и не помогают тем, кто нуждается в их помощи. Таким образом они говорят обществу, что они ему ничего не должны и никому помогать не намерены.

Так получилось, что все иностранные меценаты, которые покупали картины из коллекции «Эрмитажа» оставили после себя прекрасные художественные музеи. Так поступили Арманд Хаммер, Эндрю Меллон и Галуст Гюльбекян. Все они оставили собранные ими художественные сокровища для общественного пользования и всеобщего обозрения.

Хаммер оказался щедрым человеком. Его волновала какая память останется о нем после смерти. Он не унес свои деньги с собой в могилу и не передал их своим наследникам. Его имя вошло в историю Советского Союза и США, о нем написано пять книг и сотни статей.

Его образ получился не таким «пушистым», как он этого хотел. Но в Москве стоит «Центр международной торговли имени Арманда Хаммера», а в Лос-Анжелесе – «Музей искусств и культурный центр Арманда Хаммера», в США построены «Медицинский Центр Арманда Хаммера по борьбе с раком» в Калифорнии и «Медицинский Центр Джулиуса и Арманда Хаммеров Колумбийского университета». Его желание выполнено, память о нем осталась.

О таких людях, как Арманд Хаммер можно с уверенностью сказать: «Его жизнь прошла не зря, она удалась». Он был выдающимся человеком и прожил очень долгую и очень интересную жизнь. Он принес много пользы. После него осталась добрая память.

Художественный музей имени Арманда Хаммера в Лос-Анжелес, США

Примечания

1. Steve Weinberg. Armand Hammer. The Untold Story. Little, Brown and Company. 1989.

2. Edward Epstein Dossier. The Secret History of Armand Hammer. Random House. New York 1987.

3. Хаммер. Мой век - двадцатый. Пути и встречи. Прогресс. 1988.

4. Яков Фрейдин. Приказа Ленина никто не отменял. 2018.

5. Karl Blumay with Henry Edwards. The Dark Side of Power. The Real Armand Hammer. Simon & Schuster. 1992.

6. Е. Прудникова, А. Колпакиди: «Двойной заговор. Тайны сталинских репрессий: Олма Медиа Групп; 2006.

7. М.Я. Ларсонс. В советском лабиринте. Эпизоды и силуэты. Париж. 1932.

8. М.Я. Ларсонс. На советской службе. Записки спеца. Париж. 1930.

9. А.Н. Крылов. Мои воспоминания. Судостроение. Ленинград. 1979.

10. Олег Трояновский. Через годы и расстояния (история одной семьи). Москва. Вагриус. 1997.

11. Евгений Жиров. «Переслав их диппочтой тысячедолларовыми купюрами». Коммерсант Власть. №20, 21 мая 2012 года.

12. Вальтер Кривицкий. Я был агентом Сталина. Москва. 1995.